公認ガイドが語る

スコットランド
こぼれ話

日本人ブルーバッジガイド共著

KYOKO ATSUMI　渥美興子

REIKO INDER　インダーれい子

MISAKO UDO　ミサコ・ウド

AKIKO ELLIOT　彰子・エリオット

ATSUKO CLEMENT　クレメント篤子

YOSHIE SMITH　スミス好枝

MARIKO POLLOCK　ポロック万里子

Luath Press Ltd.

First published 2012
This edition 2015

ISBN: 978-1-910021-85-9

The paper in this book is recyclable.
It is made from low-chlorine pulps produces in a low-energy,
low-emission manner from renewable forests.

Printed and bound by
Bell & Bain Ltd., Glasgow

Typeset in 7, 8, 9, 10 and 12 point MS Gothic, 7, 8, and 9 point Arial
and 9 point Tahoma

The authors' right to be identified as authors of this book under
the Copyright, Design and Patents Act 1988 has been asserted.

© The contributors

2012 年第 1 刷発行
2015 年第 2 刷発行

ISBN: 978-1-910021-85-9

本書はリサイクルできます。
再植林可能な森林より採取された木材を使用。
省エネルギー・低排出ガスの工程で生産された
低塩素パルプを原料にしています。

印刷・製本
ベル・アンド・ベイン社　グラスゴー

タイプセット 7, 8, 9, 10 & 12 ポイント MS ゴシック
7, 8 & 9 ポイントエリアルと 9 ポイントタホーマ

本書の著者の著作権は１９８８年著作権・デザイン・特許法令によって認定されています。

© 寄稿者

本書の無断転載禁止
許可なき複製・上演・放送は著作権及び出版社の権利の侵害となります。
また本書の無断複写複製(コピー)は著作権上の例外を除き禁じられています。

ブルーバッジガイドとは？

　ブルーバッジガイドとは公認観光ガイドのことである。文字通り青いバッジをつけており、ガイドの資格としては最高峰のものだ。英国全土は言うまでもなく、日本を含む世界各国でプロフェッショナルとして高く評価されている。

　ここスコットランドでは、スコットランド観光ガイド協会（*The Scottish Tourist Guides Association*、略してSTGA）が母体となり、ガイドの養成・訓練コース、資格の発行を受け持っている。養成コースは、2年毎にエディンバラ大学にて開講。2年間かけて、文学、歴史、政治、文化等のアカデミックな講義から実践的な接客術まで、様々なトレーニングが行われる。最終試験に合格すると、晴れてバッジが授与されるという訳だ。現在、STGAには約300名がブルーバッジガイドとして登録しており（内、日本人は15名）、日本語を含む19ヶ国語で北はオークーニー・シェトランド諸島から、南のボーダーズ地方まで、スコットランド全域にわたり、一般観光はもちろん、個人旅行から企業視察、企画ツアーなどの各種の観光案内を幅広く行っている。

　「豊富な知識とプロの接客態度」をモットーに活躍するブルーバッジガイドは、スコットランドの親善大使であると言われており、スコティッシュ・ホスピタリティー（スコットランドでのおもてなしという意味）を身をもって実践している。

ブルーバッジ。スコットランドの国の花アザミと、国旗の「聖アンドレ十字」のモチーフがデザインされている。このバッジのデザインはスコットランド紋章院に登録・保護されている。

文責・写真撮影：彰子エリオット

この本を出版するにあたって

　観光の終わり、締めの挨拶も済ませた後によくお客様から、名残惜しそうに、こんな声がかかる事があります。
「さっきのスコットの話ですがね……」
「じつは、わたしタータンが好きで……」
　ああ、もう少し時間があれば、いくらでもお話しできるのに、歯がゆい思いをした事は数えきれません。いくら伝えたい話があっても、旅は旅。時間にも行程にも限りがあるのが現実です。

　本書は、そんな私達ガイドの、もっともっとスコットランドを皆様に紹介したい、という熱い思いからから生まれた一冊です。豊かな自然の美しさ、歴史、文化、伝統、食物と何一つ取ってもスコットランドはイングランドに劣りません。
　その魅力、見どころを、従来のガイドブック等の視点ではなく、現地に生活する私達の視点から語り、楽しんでいただきたいという試みで書き始めました。そのために内容は歴史はもちろん、ガイドの経験で得た裏話やエピソードなどが盛りだくさん！　著者ごとに章を分けていますので、書き方にそれぞれの個性が出ているのも特徴です。またキャプションの中で特記していない写真は全て、その章の著者が撮影したものです。地名などはなるべく現地人の発音にちかい読み方を表記しておりますので、他の本などの表記と異なる場合があります。

　最後になりましたが、写真提供を始め、協力・協賛を戴いたスコットランド政府観光局、スコットランド観光ガイド協会に深く感謝の意を表します。また、スコットランドで何冊売れるか予想できない日本語の本を出版するという冒険を引き受けて下さったエディンバラのルア出版社のミスター・マックドゥゴォーにこの紙面を借りて著者一同深く感謝申し上げます。

2012 年 4 月　　　　　　　　　　　　　　　　　　　　　　著者一同

目次

渥美興子　　1

幸運の白いヘザー............................2-3
ボーダーズ地方の夏祭り......................4-5
ロバート・バーンズとボーダーズ地方の滝......6-7
民間伝承の物語詩　－　バラッド..............8-9
アヴェ・マリアの歌はスコットランドの叙事詩...10-11
スコットランドはストーンサークルの宝庫......12-13
世界の果て　－　セント・キルダ..............14-16
スコットランドのカシミヤ産業................17-18
スコットランドの有名人......................19-20

インダーれい子　　21

エディンバラの市庁舎は何階建てなの？........22-23
良質なジャガイモのできるスコットランド......24-26
すばらしい鍵盤楽器の展示館..................27-28
パブでビールを楽しむ方法....................29-31
オークニー諸島の海草を食べる羊と海岸のアザラシ...32-34
エディンバラの忠犬ボビー....................35-36

ミサコ・ウド　　37

スコットランドの有名な発明・発見家の散文....38-42
麻酔薬はいびきから起こされて発見？..........43-45
スコットランドのテイクアウェイは一味違う！..46-49
さすが、見事に脂がのっているお魚............50-52

サーモンだけが薫製じゃない！........................53-55
おいしいベリー王国！...............................56-60
スコッチ・ウイスキーの定義は何？....................61-66
にしんブームがウイスキー造りに貢献？................67-69
日本で買えないウイスキーはどれ？....................70-72
猫の公式職名がある？...............................73-75

彰子・エリオット　　　　　　　　　　　　　　　　76

みんなが泣いた『ブレイブハート』....................77-80
スコットランドのおかゆ、ポリッジはいかが？..........81-84
羊が一匹、羊が二匹……............................85-87
ロイヤル・ロマンスの町、セント・アンドリュース......88-91
芯[しん]まで凍える、皇太后のお城グラームス城.......92-95
マクベスの城、コーダー城の秘密.....................96-99
ハリー・ポッターの列車、ホグワーツ特急............100-102
グラスゴーに日本人サッカー選手が来た日............103-105
ヘンな地名、これなんと読むの？....................106-108
節約家が多い？　北海油田の町アバディーン..........109-112
牧場は緑、トイレはいずこ？........................113-115

クレメント篤子　　　　　　　　　　　　　　　　116

スティーヴンソンが吉田松陰の伝記を?!..............117-121
スコットランドと日本..............................122-123
ヨーロッパ唯一の私兵「アソル・ハイランダース」
　　　　　　　　　　　　　　　　　　　　　　　124-130
ハイランド・ゲームズ Highland Games............131-133
「タータンチェック」って、日本語なの？............134-141

スコットランドの踊りは、社交ダンス！ 142-145
スコットランドの結婚式はバグパイパー付き 146-148
バグパイプ *Bagpipe* 149-151
スコットランドの貴族 152-153
紅茶よもやま話 154-157
アフタヌーンティーとハイティー 158-161
社交 162-164

スミス好枝　　　　　　　　　　　　　　　　　165

エディンバラで一番高級な通り、アン・ストリート
. . . . 166-167
クラモンド村と小さな冒険の島　その1 168-171
クラモンド村と小さな冒険の島　その2 172-173
大晦日（ホグマニー）に黒髪の男性がもてはやされる理由
. . . . 174-176
エディンバラの冬の祭典　ホグマニー祭り 177-181
私の永遠の憧れ　デボラ・カー 182-184

ポロック万里子　　　　　　　　　　　　　　　185

二都物語　エディンバラとグラスゴー 186-189
竹鶴政孝とリタ 190-193
トーマス・リプトン 194-196
ジェームズ・ワット 197-199
チャールズ・レニー・マッキントッシュ 200-204
キャサリン・クランストン 205-207
山尾庸三 208-210
おしまいの話 211-213

FOREWORD

Scotland is a land of ancient and fascinating history, renowned as the home of whisky and home of golf, with spectacular scenery throughout a country abundant with romantic castles.

Japan and Scotland are located on opposite sides of the world, but have many similarities. Both countries share industrial and tourism oriented cities, as well as important cultural heritage, beautiful islands, mountains, rivers, gardens, walking paths, battlefields and castles. Like the Japanese, the Scots both have a deep affection for their homeland, and enjoy visiting foreign countries.

Many Japanese people have visited Scotland in the last hundred years. In the Meiji Era, Japanese students studied at Glasgow University, while many Scots, like Thomas Glover, well known as the owner of Glover House in Nagasaki, stayed in Japan.

The friendship between the two countries still continues, with many Japanese people continuing to visit Scotland, and relations between the two countries strong in both education and business links.

This book, *The Insiders' Guide to Scotland,* offers another chance for deepening our friendship and helping Japanese people understand our unique Scottish culture. We hope many Japanese will be interested in Scotland and will visit in the near future.

We are all looking forward to seeing you in Scotland.

Dr. Mike Cantlay
Chairman, VisitScotland

序文

　スコットランドは古い歴史をもつ国であり、ウイスキーやゴルフの故郷として世界的に知られ、またロマンティックな城や雄大な景色にあふれています。

　日本とスコットランドは、地球の反対側にありながら、たくさんの共通点をもっています。両国ともに、産業都市や観光都市をかかえる一方、多くの島々や美しい山河、庭園、遊歩道、古戦場や城などの貴重な文化遺産に恵まれています。それぞれの国民は自国を深く愛し、かつ他国を見聞する旅行を楽しんでいます。

　過去100年以上の間に、たくさんの日本人がスコットランドを訪れました。明治時代には何人もの日本人学生がグラスゴー大学で学び、また長崎にあるグラヴァー邸で知られるトーマス・グラヴァーのように多くのスコットランド人が日本に滞在しました。

　両国のこのような友好関係は、今でもたくさんの日本の皆さまがスコットランドを観光に訪れられ、また教育やビジネス分野での両国の強いつながりとして続いています。

　この「スコットランドこぼれ話」は、日本とスコットランドの友情の絆をさらに深め、日本の皆さまにスコットランドの持つ独自の文化をご理解いただくきっかけとなることでしょう。たくさんの方々がスコットランドに興味をいだかれ、近い将来にスコットランドをお訪ねくださることを願っております。

　スコットランドでお会いできる日を楽しみにお待ちいたしております。

ヴィジット・スコットランド
スコットランド政府観光局代表取締役
マイク・カントレイ博士

KYOKO ATSUMI 渥美興子

　2006年公認ガイド資格取得。静岡県浜松市出身。スコットランドには1993年から滞在。
　最初の17年間はインナーリーセンという小さな田舎町に住み、一人娘は3歳からそこで育った。娘を素晴らしい田舎の環境で育てることができたのは、スコットランドがくれた最良の贈り物。現在はエディンバラ在住。
　ガイドの仕事のほか翻訳/通訳も手がけ、時にはライターとして雑誌やウェブサイトに記事を提供している。ヨガのインストラクターでもある。歴史や考古学が大好き。

kyoko2709@gmail.com
www.myscotlandtours.com

スコットランドこぼれ話

幸運の白いヘザー

　小説『嵐が丘』でよく知られている「ヒース」の花は、いろいろ種類があって名前も色もそれぞれに違うが、英国人が普通の会話でこの花を呼ぶとき、「ヘザー Heather」という名前を使うことが多い。『嵐が丘』はイングランドを舞台にしたお話だが、実はこのヘザーという花、スコットランドの名物である。8月後半になるとスコットランドの丘はヘザーの花で紫色になる。特にハイランドと呼ばれるスコットランド北部では、あたり一面紫色のヘザーで覆われる。

　仕事でスカイ島 Isle of Skye に行ったときのことである。一人旅のオーストラリア人女性が白いヘザーについて聞いてきた。「白いヘザーって知ってる？　私のバスの運転手は私が白いヘザーを探していると言ったら笑うのよ。そんなものはないって言うの」一緒に仕事をしていたスコットランド人の運転手と私は、そこで口を揃えて言った。「いや、白いヘザーはあるよ。あんたの運転手が知らないだけだよ」

　白いヘザーは自然の中で突然変異的に色素が欠けた花で、動物でいえば白子だ。周りの紫色の花の花粉が混ざり、次に花が咲くときには紫色になってしまったりする。ガーデンセンターには人為的に育てられた白いヘザーがあるが、自然の中では大変珍しい。

　3世紀の詩人オシアン Ossian の娘マルビナ Malvina の婚約者が戦いで亡くなったとき、その悲報を届けた使者が紫色のヘザーをマルビナに渡した。それは亡くなった婚約者が託した花だった。マルビナの手に握られた紫色の花に彼女の涙が落ちると、その花はたちまち白い花に変わってしまった。マルビナはそのとき「この白く変わったヘザーは私にとっては悲しい花だけれど、この花を見つける人すべてに幸運が訪れますように」と言ったという。
　それ以来、白いヘザーを自然の中で見つけたら、幸運が訪れるといわれている。

幸運の白いヘザー

　そんな話をオーストラリア人の彼女に教えてあげたら、たいそう喜んでいた。Eメールアドレスを交換したので、後でうちの庭に咲いていた白いヘザーの写真を送ってあげたら、さらに感激して「ぜひクリスマスカードのデザインにしたい」という返事が返ってきた。

ヘザーの花はほとんどがピンクや紫だが、白い花が咲く時もある。自然の中では貴重な存在だ。8月中旬からスコットランドのハイランド地方は丘が一面にヘザーで覆われる。大変美しい季節だ。自分の家の庭にヘザーを植えている人もスコットランドには沢山いる。

　私の家の庭には白と紫のヘザーがある。最近になって日本から引っ越してきた友人に紫色のヘザーを1本抜いてプレゼントした。数ヶ月して花の咲く時期になったとき、彼女にヘザーの育ち具合をたずねたところ、なんと白い花が咲いたという。もしかしたら土のpHの度合いにもよるのかもしれない。いずれにしろ、これからのスコットランドでの人生に向けて大変めでたい話だと、2人で喜んだ。

　科学的な根拠を探ればちゃんとした理由があるのだろう。でも、オーストラリア人の旅人にも日本から引っ越してきた友人にも、清らかな白いヘザーがどうぞ幸運をもたらしてくれますように、と祈らずにはいられない。

スコットランドこぼれ話

ボーダーズ地方の夏祭り

6月から8月にかけて約2ヶ月間、スコットランドのボーダーズ地方 The Scottish Borders では夏祭りが各所で開かれる。

中世の頃、町や村のお役人達は自分たちの家畜が盗まれないように、領土と領土の境界地域を馬に乗って見回りをした。かつて領主達は自分の財産を増やす手段のひとつとしてライバル領主や近隣の領土から家畜の奪い合いをしていたのだ。

その見回りの伝統がずっと現代に至るまで続き、夏のお祭りという形で残されている。馬に乗って領地の境界線を回ることをコモンライディング Common Riding と呼んだが、その名がそのまま祭りの名前となっている町が4カ所ある。ホイック Hawick という町のコモンライディング祭が6月に開かれるとそれがボーダーズの夏の始まりだ。2週間ずつお互いに重ならないように祭りが順番に開かれ

ボーダーズ地方にある町、インナーリーセンの伝統的な夏祭り。この行列は聖人ローナンとその弟子に扮した子供達の行進。女の子達もお祭り用のドレスで参列している。大人も子供も年に一度のお祭りがすごく楽しみだ。

ボーダーズ地方の夏祭り

るので、人々は別の町や村の祭りを次々に訪れることができる。そして8月にローダー *Lauder* という町のコモンライディング祭ですべての祭りが終了となる。

　祭りの名前は現在ではいろいろ。私が17年住んだインナーリーセン *Innerleithen* という町ではセントローナンズ・ボーダーゲームズ *St Ronan's Border Games*（一般にはゲームズウィーク *Games Week* と呼ばれている）という祭りが7月に開かれる。2週間の期間中、スポーツ大会、仮装行列、子供達のフラワーパレードなど楽しい催し物が満載だ。一番のハイライトは聖人ローナン *St. Ronan* とその弟子達に扮した子供達の行列。昔、聖人ローナンという僧が村にやってきて悪魔を退治したという言い伝えがある。地元の小学校の最長学年から選ばれた男の子が聖人ローナンに、またそれぞれの学年から選ばれた男の子達が弟子に扮する。女の子達も各学年から選ばれて祭り用のドレスに身をつつみ、町中をパレードする。そして夜になると聖人ローナンが白い鳩を空に放つ。2週間の祭りの終わりには人々が悪魔の人形をかかげて山に登り、大きなたき火の中に悪魔を投げ入れ、1年の間、町が平和であることを祈る。

　祭りの時には親戚や友人達が違う土地から訪れ、町は一気ににぎわう。大人も子供もみんな一緒になって毎年祭りを盛り上げる。有名でもなんでもない普通の人々だけれど、こうした地元の人々こそが長いスコットランドの伝統を少しずつ少しずつ築いていくんだ、と痛感させられる。

祭りの時にはにぎわうが、普段はとても静かでのどかなボーダーズ地方。

スコットランドこぼれ話

ロバート・バーンズとボーダーズ地方の滝

　スコティッシュ・ボーダーズ The Scottish Borders という地方にグレイメアーズテイル Grey Mare's Tail（灰色の馬のしっぽ）という名前の滝がある。山の上の方の湖から流れてくる細くて長い滝だ。それがちょうど馬のしっぽのように見えるのでこの名前がついたらしい。この滝は山の斜面を延々と下り、道のすぐそばを流れる川に注ぎ込む。昔、人々はスコットランド南部からエディンバラに旅するとき、グレイメアーズテイルの滝を真上に見上げるこの道を使った。そうした旅人の1人にロバート・バーンズ Robert Burns がいた。

山の上から流れてくる「灰色の馬のしっぽ」と呼ばれる滝。水源は氷河によって作られた湖。この辺りは今でも車や人があまり通ることなく、ロバート・バーンズが馬で旅していた頃を彷彿させる場所だ。スコットランドを旅行している間、時間が許せば立ち寄りたい場所。

　日本でお馴染みの『蛍の光』は『オールド・ラング・ザイン Auld Lang Syne』というスコットランドの歌に日本語の歌詞を付けたものだが、このオリジナルの歌詞を書いたのが18世紀の詩人ロバート・バーンズだ。彼はスコットランドを代表する詩人として英国中

ロバート・バーンズとボーダーズ地方の滝

いや世界中にその名を知られている。彼が残した多くの詩の中でも特に有名なのが『タモ・シャンター Tam O' Shanter』。

この詩の主人公タムはある晩、いきつけの酒場で飲んだあと、すっかりいい気分になって灰色の愛馬メグにまたがり夜道をのたりくたりと家路に向かった。古い教会の前を通りかかると、なにやらにぎやかな音や人の声が聞こえてくるではないか。こんな夜中になんだろうとタムは墓地を通り教会の中をのぞいてみた。するとそこに繰り広げられていたのは魔女達、悪魔達の狂乱だった。彼らはタムに見られているのも知らず、飲めや歌えやの大騒ぎ。しかし、魔女のナニーが気がついた。「見たな！」と叫び、ナニーはタムを捕まえようと追いかける。タムはメグに飛び乗り必死で逃げる。村の川にかかる橋にさしかかったとき、ナニーはタムのすぐ後ろに迫っていた。この橋を渡ればタムは逃げきることができる。魔女は水のある場所が苦手なのだ。愛馬メグが勢いよく橋を渡ろうとしたとき、ナニーの手がメグのしっぽをつかんだ。タムとメグは間一髪でなんとか橋を渡って逃げ切ったが、哀れなことにメグのしっぽは魔女に引き抜かれてしまったのだった。しっぽは川に落ち、流れの中に消えていった。

もしかしたら、バーンズは馬にゆられてグレイメアーズテイルの滝のそばを旅しながら、「この滝をいつか詩の中で使ってやろう」などと考えていたのかもしれない。

『タモ・シャンター』の舞台となった古い教会「アロウェイ・オールド・カーク Alloway Auld Kirk 」

スコットランドこぼれ話

民間伝承の物語詩 － バラッド

　バラッド ballad とは物語を素朴な言葉を用いて詩の形にし、シンプルなメロディーで親から子へと歌い継がれた伝統的な歌である。昔はほとんどの人々が文盲であったため、戦いや重要なできごと、またその時代の有名な人々のことなどは書き取られることはなく、バラッドという形で伝承された。かつてはスコットランド中でバラッドは歌われていたが、中でもかなり近代までバラッドを伝承してきたのがスコットランドのボーダーズ地方 The Scottish Borders である。

　今でも残されているバラッドのひとつに、トーマス・ザ・ライマー Thomas the Rhymer という人を歌ったものがある。トーマスは 13 世紀に住んでいた予言者だ。彼はイールドン Eildon という丘のふもとで妖精の女王に出会い、妖精の世界に連れて行かれたという。その後無事人間の世界に連れ戻されたらしいが、彼は次々と予言をしていて、そのいくつかは実際に成就している。

「トゥイードとパウセイルがマーリンの墓で出会う時、
スコットランドとイングランドの王室がひとつになる」

　これはトーマスのことを歌ったバラッドの一部として残されている彼の予言だが、1603 年、スコットランド王ジェームズ 6 世がイングランドの王室を継承し、イングランド王ジェームズ 1 世として戴冠された日、マーリン Merlin（アーサー王の伝説に出てくる魔法使い）の墓（ボーダーズ地方のドラメリア村 Drumelzier にあるとされている）のある場所で、トゥイード川 River Tweed とその支流パウセイル川 Powsail Burn の水かさが増し、2 つの川は合流した。

　神秘的でロマンティックなバラッドに魅せられたのがスコットランドを代表する小説家ウォルター・スコット Walter Scott だ。彼はいろいろな場所を訪れそこに住む老人達からバラッドを教えてもら

民間伝承の物語詩 － バラッド

い書き取った。スコットの友人で詩人だったジェームズ・ホッグ *James Hogg* の母もバラッドを沢山知っていた。スコットとホッグはティビー・シールズ・イン *Tibbie Shields Inn* という酒場でよくおちあい、酒を酌み交わした。その帰り道、スコットはホッグの家を訪ねて彼の母からバラッドを教えてもらったのだった。ホッグの母がバラッドを歌い、それを一所懸命に書き取ろうとするスコットにホッグの母は言った。「バラッドというのは口から口へと伝えるもの。書き取って書物にしたらバラッドは失われてしまうよ」哀しいかな、その言葉は現実のものとなり、現在ではバラッドを語り継ぐ人々はほとんどいない。しかし、ホッグとスコットが常連だったティビー・シールズ・インは今も健在で、時折バラッドが聞かれることもあるようだ。

写真の景色は「スコッツ・ビュー *Scott's View*」という場所から見た眺め。ここはバラッドを生涯かけて収集したウォルター・スコットが愛した場所。スコットの葬儀の時には彼の愛馬がこの場所を覚えていて、主人の遺体を運ぶ途中ここで足を止め、参列の人々の涙を誘ったという。

スコットランドこぼれ話

アヴェ・マリアの歌はスコットランドの叙事詩

19世紀にシューベルトが作曲した名曲『アヴェ・マリア』は日本でも大変よく知られている。しかし、この美しい旋律に付いている歌詞が、スコットランド出身の偉大な小説家ウォルター・スコット Walter Scott の叙事詩『湖上の美人 The Lady of the Lake』の中の一節であるということは、あまり知られていない。『アヴェ・マリア』の歌詞になっている部分は『エレンの歌 Ellen's Song』という題で、そのドイツ語訳にシューベルトが曲を付けた。

『湖上の美人』は、16世紀にスコットランドの国王であったジェームズ5世王とダグラス家との争い、ダグラス家の美しい娘エレンに寄せた王の恋心、そしてそれにまつわる波瀾万丈かつロマンティックなドラマを描いた一大叙事詩だ。

舞台となっているカトリン湖 Loch Katrine はハイランド地方への玄関口トロサック地方 Trossachs にある風光明媚な湖。叙事詩の中でエレンが住んでいたとされる島は「エレンの島 Ellen's Isle」という名で今でも人々に親しまれている。

『湖上の美人』の作者ウォルター・スコットは英

エディンバラの中心に建てられた、高さ61メートルもあるスコット記念塔のさらに中心には、大理石で作られたスコットの像がある。彼は自分の故郷であるエディンバラを今でも見守っている。

アヴェ・マリアの歌はスコットランドの叙事詩

国文学史上最も重要な作家の一人であり、その名は世界中に知られている。スコットランドをこよなく愛したスコットは19世紀当時、スコットランドを舞台にした小説や叙事詩を数多く書き、スコットランドの文化を英国のみならず、ヨーロッパ大陸や米国にまで広く伝えた。彼の人気は現代の作家でいえばハリー・ポッターの作者J・K・ローリング J.K.Rowling に匹敵するか、それ以上のものであったかもしれない。スコットが1810年に『湖上の美人』を発表したとき発売後わずか数ヶ月で2万冊を売るという快挙を遂げた。

スコットは少年時代に父親と何度もカトリン湖を訪れている。この湖にはことのほか愛着があったらしい。その頃はめったに訪れる人もない、山あいのひっそりした湖だったのだろう。

現在カトリン湖には数隻の遊覧船がある。そのひとつ、「サー・ウォルター・スコット」は1900年から活躍している蒸気船だ。この船に乗り、人々は『湖上の美人』の舞台と周辺の美しい景色を満喫する。

静かにたたずむカトリン湖。スコットがこよなく愛し、またアヴェ・マリアの舞台ともなったカトリン湖には、現在多くの観光客が訪れる。100年以上操業している蒸気船には「サー・ウォルター・スコット」という名が付けられている。

作家として、またスコットランドの文化を活性化した立役者として華やかな舞台に立っていたスコットだが、彼が愛したのは静かな田舎の生活だった。スコットは亡くなった後、彼が住んでいたボーダーズ地方 The Scottish Borders の奥深く、静かにたたずむドライバラ寺院 Dryburgh Abbey に今も静かに眠っている。

スコットランドこぼれ話

スコットランドはストーンサークルの宝庫

　紀元前 3000 年頃、ブリテン島の各地に巨大な石を環状に並べたストーンサークルというものが作られた。イングランド南部のストーンヘンジ Stonehenge は日本でも有名だ。古代の人々はなぜストーンサークルを作ったのか。祈りの場なのか、それとも月と太陽の位置を示す暦なのか。確かなことは誰にもわからない。

　スコットランドはこのストーンサークルの宝庫と言える場所だ。シェットランド諸島 The Shetland Islands やオークニー諸島 The Orkney Islands といった北の島々からスコットランド本土の南部まで、大小様々なストーンサークルが各所に散らばっている。

スコットランド本土からさらに船で 2 時間ほどの場所にオークニー島がある。

オークニーは写真のリング・オブ・ブロッドガーなど、考古学上貴重な遺跡の宝庫だ。オークニー本島は島全体が世界遺産に指定されている。

　オークニー諸島の代表的なストーンサークルとしてリング・オブ・ブロッドガー The Ring of Brodgar とスタンディングストーン・オブ・ステンネス Standing Stones of Stenness がある。そのすぐ近くには塩水湖と淡水湖があり、2 つの湖を隔てる細長い土地に隣同士のような感じでこの 2 つのストーンサークルは作られている。塩水と淡水、これを古代の人々はどのように受け取ったのだろうか。果たして彼らはそれを不思議な神の力と感じ、そこにストーンサークルを作ったのだろうか。それを彼らは祭事や祈りの場としたのだろうか。今となっては想像するしかない。

スコットランドはストーンサークルの宝庫

　スコットランドの西北部、ヘブリディーズ諸島 Outer Hebrides 最大の島、ルイス島 Isle of Lewis にはまさに「目を見張るような」カラニッシュ・スタンディングストーン Calanais Standing Stones がある。中央にストーンサークルそして、そこを中心にして四方に巨大な石が並べられ、回廊のようになっている。「有史以前のカテドラル（聖堂）」とも形容されるカラニッシュを訪れると、思わず古代の人々の力と信仰に深く胸をうたれる。

広大な面積を使って築かれたカラニッシュ・ストーンズ。

中央にはストーンサークルがあり全体的にはまるでケルトの十字架のような形をしている。
6000年近くも前に、人々はなぜこの遺跡を築いたのだろうか。

　しかしカラニッシュは祭事の場のみではなかったようだ。カラニッシュ・スタンディングストーンが作られた紀元前3500年頃、人々は既に作物を育てる農耕民族となっていた。作物や穀類の種を蒔く時期を知るために、彼らは太陽や月の昇る位置或いは沈む位置を正確に石で印していた。そうすることで、一種の暦を作っていたのではと推測されている。

　数多く並ぶ石のひとつには満月が昇る位置を示したものがある。月の昇る位置は最北地点から最南地点へ、そしてまた最北地点へと移動する。カラニッシュのその石は18.6年に1度満月が昇る位置を正確に示している。それは満月が昇る最北地点であり、緯度の高いカラニッシュでは月がその地点から昇るとき、ある神秘的なことが起こる。見事に丸く満ちた月が横に移動していくのだ。近くに見える山々はまるで美女が横たわっている様に見えるという。月は山の端から昇り、美女の体の上を這うように水平に移動していく。月のダンスだ。古代の人々はこの光景をどんな思いで見ていたのだろうか。

スコットランドこぼれ話

世界の果て ― セント・キルダ

　スコットランド北西部のヘブリディース諸島 *Outer Hebrides* からさらに西へ66キロ離れた場所にセント・キルダ *St Kilda* はある。ヒルタ島 *Hirta* を中心にソーイ島 *Soay*、ボーレイ島 *Boreray*、ダン島 *Dun*、そして海から突然突き出てきたような幾つかの巨大な岩によって形成されている群島だ。1987年、セント・キルダはその特異で貴重な自然ゆえに英国初の世界遺産として登録された。2005年、さらに自然と文化の両面で貴重な存在だとして、英国唯一の複合世界遺産として再登録された。

大小様々な岩が海から突然突き上げるようにそびえ立っている。セント・キルダ群島は海鳥の生息地として世界でも貴重な存在だ。ここに住んでいた人々の文化は無くなってしまったが、この素晴らしい自然は消滅させたくない。
写真提供：ナショナル・トラスト・フォー・スコットランド *The National Trust for Scotland*
撮影者：アイラ・ロバートソン　*Isla Robertson*

世界の果て ― セント・キルダ

今は無人島となってしまったセント・キルダは海軍によって使用されている。島に残された村の跡や建造物はナショナル・トラスト・フォー・スコットランドが管理し、修復・保存しているので、年に数回人々が訪れる。観光用の船はあまりないがハリス島 Isle of Harris から1日かけてセント・キルダを訪れるツアーが出ている。
写真提供：ナショナル・トラスト・フォー・スコットランド
The National Trust for Scotland
撮影者：ロビー・ウィアー Robbie Weir

　セント・キルダには 2000 年前から人が住んでいた。本土から遠く離れ、王にも政府にも忘れ去られた、地の果てのようなこの場所で島民達は独自の文化と生活習慣を維持してきた。世界有数のカツオドリの生息地でもあるこの土地では鳥と鳥の卵が生活の糧だった。男性達は体に命綱を巻きつけ、気が遠くなるような高い崖から素足で伝って降り、鳥や鳥の卵を取りにいった。それができなければ一人前の男と認めてもらえなかったのだ。しかし時には崖から遥か下の海に落ち、命を落とすこともあった。

スコットランドこぼれ話

　ときおり本土からやってくる船だけが外の世界との接点だった。郵便物をポストや郵便局に出すこともできなかった彼らは、独自の「セント・キルダ郵便船」と呼ばれる物を考えだした。木製の小さな箱の中に瓶またはブリキの缶を入れ、その中に手紙を入れたのだが、まさに無人島に流れ着いた人が助けを求めて瓶の中に手紙を入れ、それを海に流したのと同じ考えである。この「セント・キルダ郵便船」は羊の胃袋を膨らませて作ったウキとともに海に流され、彼らはいつかそれが本土に流れ着くのを祈るのみだった。時にはそれは、ヘブリディーズ諸島の別の島に流れ着いたり、また時には本土にたどり着くこともあった。はるばるノルウェーまで流されていった物さえあったと言う。

　多い時でも200人ほどだった島民の人口は時代と共に次第に減っていった。1930年にはわずか37人になり、孤独感と絶望感が島民の上にひしひしと重くのしかかっていった。しかし島を去ることは考えられなかった。ここが彼らにとっては我が家であり、故郷だったのだ。離島することをずっと拒んでいた彼らだったが同年1月、悲劇がおこった。女性の1人が盲腸炎にかかったのだ。2月になってやっと本土からの助けの船により女性は病院に運ばれたが、時すでに遅し。彼女は命を落としてしまった。同年8月29日、島民は本土からの船に乗り込み故郷セント・キルダを永久に離れた。

　戦争もなく支配者もいないこの島で、人々は何の名声を求める訳でもなく純粋にただ「生きること」のみを目的として生きてきた。セント・キルダは地上に残された数少ないユートピア（楽園）のひとつだったのだ。 2000年続いたセント・キルダの伝統と島民達が築いた理想郷は、もう2度と蘇らない。

　まるで世界の果てにあるようなこの島も、島民にとってはかけがえのない我が家だった。離島した当時5歳だった老人は、「今でも島の我が家の台所が目に浮かび、母の料理の匂いさえも思い出す」と言う。

スコットランドのこぼれ話

スコットランドのカシミヤ産業

　寒い冬になると軽くて暖かいカシミヤのセーターが恋しくなる。世界に誇るスコットランドの高級カシミアは 18 世紀末から受け継がれてきた、スコットランドの主要産業のひとつだ。

エディンバラの旧市街、ロイヤルマイルにはカシミヤのお店が勢揃い。スコットランドのカシミヤ製品には厳しい審査のもと、「Made in Scotland」と表示されている。
写真はカシミヤ専門店 House of Edinburgh (2 St.Giles Street, Edinburgh) の店内。

スコットランドのカシミヤ産業

　もともとインドで、女性のショールを作るのに使われたのがカシミヤ山羊の繊細な羊毛。これがスコットランドに伝わり技術はさらに改良され、女性の下着や長靴下も作られるようになった。スコットランドのボーダーズ地方 The Scottish Borders には18世紀から19世紀にかけてカシミヤ製品を作る会社が続出した。プリングル Pringle、バランタイン Ballantyne、ライル・アンド・スコット Lyle and Scott といった会社は皆、ボーダーズ地方から生まれた会社だ。セーター、コート、手袋、スカーフ、ゴルフウェアなど様々な製品が、ボーダーズ地方から世界に向けて出荷されてきた。

　本当に柔らかく心も溶けてしまいそうなカシミヤの羊毛。原毛はほとんどが、中国の内蒙古から輸入される。それを英国国内で紡績し、しっかりした丈夫な糸が作られる。更にその糸をスコットランドの染色に適する軟水の水で染め、セーター作りに使われる毛糸に仕上げられる。製品作りには多くの人の手がかかっている。例えば高級製品の場合、襟ぐりや袖は専門の技術者が手で一目一目拾って胴体の部分に付けていく。アイロンも、従業員が一着ずつ丁寧に形を整えながらかけていく。カシミヤセーターの柄としてよく見られるアーガイル模様や、豹などの動物の模様はインターシャ Intarsia と呼ばれ、大変高い技術を要する作業だ。これは大量生産はできない。技術者が細かい図案を見ながら時間をかけてセーターの柄を制作していく。職人技だ。このインターシャの技術を持つ職人さん達も最近では少なくなりつつある。

　このようにスコットランドのカシミヤ製品は糸作りから製品のアイロンがけまで、すべてカシミヤを愛する人々の手がかかった品物だ。大量生産で安く売られているカシミヤ製品とは根本的に質が違う。しかし、伝統あるカシミヤ産業も時代の流れにはかなわない。安い製品に市場を奪われ、昔から続けてきたカシミヤメーカーが次から次へと閉鎖されている。2010年1月、19世紀からボーダーズ地方で操業を続けてきたバランタインも、その歴史ある工場を閉鎖した。

スコットランドこぼれ話

スコットランドの有名人

　昔からスコットランド出身の有名人はたくさんいた。しかし、日本では「イギリス人」として十把ひとからげにされてしまっていたので、多くの有名なイギリス人のうち誰がスコットランド人なのかよく分からないままにされてきた。

　日本でお馴染みの作家ならアーサー・コナン・ドイル Arthur Conan Doyle（『シャーロック・ホームズ』シリーズ）、ロバート・ルイス・スティーヴンスン Robert Louis Stevenson（『宝島』と『ジキル博士とハイド氏』）、科学者や技術者だったら、電話を発明したアレクサンダー・グレアム・ベル Alexander Graham Bell、蒸気機関を開発したジェームズ・ワット James Watt、空気式タイヤを実用化したジョン・ボイド・ダンロップ John Boyd Dunlop などがいるし、長崎のグラバー邸でよく知られているトーマス・ブレイク・グラバー Thomas Blake Glover もスコットランド人だ。

　近代で最も有名なスコットランド人の一人にショーン・コネリー Sean Connery がいる。彼は首都エディンバラ出身の俳優だ。俳優志望だった若い時には、お金を稼ぐために地元の美術大学の絵のモデルもしたらしい。また彼が牛乳配達をしていたのは地元では有名な話だ。私事で恐縮だが、私の義理の父の母親（スコットランド人）の家にも彼は牛乳を配達していた。また、私の義理の母（彼女もスコットランド人）はショーン・コネリーと同じ地域に住んでいたので「彼とはよくバスで会ったのよ。ある日私がバッチリお化粧してたら、『お化粧しない方がきれいだよ』って言われちゃった」とのこと。有名になる前から女性にはうまいことを言っていたらしい。彼は今でもスコットランドを大変誇りにしていて、政治にも積極的だ。現在はエディンバラに住んでいないが、6月に開かれるエディンバラ国際映画祭の時には必ず映画祭に出席しエディンバラ市内のホテルに滞在する。

スコットランドの有名人

　若手ではユアン・マッグレガー *Ewan McGregor* がいる。彼は『スター・ウォーズ』や『ミス・ポッター *Miss Potter*』などの映画ですっかり世界的に有名になったが、イギリスでは昔から活躍していた俳優だ。かなり過激な映画『トレインスポッティング *Trainspotting*』で主人公を演じ一躍注目を浴びた。麻薬中毒の若者の役だったので、今のユアン・マッグレガーとは見分けがつかない容貌だ。それより以前に、彼は一回限りのテレビドラマ『ブルー・ジュース』に今をときめくキャサリン・ゼタ・ジョーンズ *Catherine Zeta-Jones*（彼女はウェールズ人）と共演している。

　スコットランドは小さな国だが、この国からは過去現在を問わず数多くの有名人が生まれている。

毎年６月に開かれるエディンバラ国際映画祭の会場エディンバラ・フィルムハウス。映画祭期間中にはショーン・コネリーをはじめ、映画界の大スターが数多く訪れる。映画祭以外の時でも日本の映画や、一般の映画館では見られないような各国の珍しい映画が上映されている。

REIKO INDER インダーれい子

　1989年からスコットランドに住む。最初の半年はオークニー諸島、残りの20年以上はずっとエディンバラに在住。1990年公認ガイド資格取得。日本企業にて専属の通訳・翻訳家として5年間就職。

　現在は長年の滞在経験を生かしスコットランドに関するすべての分野に渡ってガイド、ドライバーガイド、通訳の仕事を続けている。多くの蒸留所訪問からウイスキーもだいぶ楽しめるようになる。素朴なスコットランドの生活から学ぶことが多くパン作りからお菓子作りに余念がない。

　最近は歴史的名所や自然景勝地のための ナショナル・トラスト のボランティア活動に力を入れている。ここでは、伝統的な石垣作りなども学び、景勝地の整備修理なども学んでいる。大きな観光バスでは行かれない所にある、たくさんのすばらしい自然を紹介したいものだと思っている。

reiko@interactive.co.uk

スコットランドこぼれ話

エディンバラの市庁舎は何階建てなの？

　エディンバラ市は日本の京都府と友好提携を結んでいて、お互いの文化交流が盛んである。さてエディンバラの市長の肩書きは「ロード・プロヴォースト Lord Provost」と呼ばれており、外国の市長の肩書きのメイヤーとかガーヴェナーではない。他にも市長がロード・プロヴォーストと呼ばれるのはグラスゴー、ダンディーそしてアバディーンの3都市である。

市庁舎の正面。いつもスコットランドの旗がなびいている。

　エディンバラ市長がオフィスを構えている市庁舎は、「シティ・チェンバー」と呼ばれる。旧市街の真ん中にこの荘厳な市庁舎シティ・チェンバーがある。旧市街の目抜き通り「ロイヤル・マイル」から中庭に入るとコの字型の建物群が迫る。正面からは3階建てに見えるこの建物も、実は裏に回れば11階建てという高層ビルになっている。これは旧市街地が、馬の背のような坂の丘陵に、たくさんの建物が丘の下から上へと向かって建てられているので、坂の下から見るのと上から見るのとではその建物の高さが違ってくる。この市庁舎には500の部屋数と18世紀からそのまま健全に残ってい

エディンバラの市庁舎は何階建てなの？

るガラス窓も入れて 1500 の窓がある。部屋と言う部屋には暖炉が設置してあったから、市庁舎の屋根の上には暖炉に繋がるすごい数の煙突が並んでいる。かつてこの煙突から、真っ黒な石炭の煙がもくもくと出ていたので「オールド・リーキー（絶えずばい煙が漂う古い街という意味）」と、エディンバラ市はあだ名で呼ばれていた時代があった。

市庁舎の裏側はれっきとした高層ビル。

　さてこの市庁舎の地下であるが、1645 年にエディンバラの旧市街あたり一帯に疫病がまん延した。ヨーロッパじゅうにペストがはやったころである。このため市ではいくつかの小路を、衛生上の理由で封鎖してしまったのだった。それから百余年、その地下の町の上には新しい建物が建ち、閉鎖された小路は忘れ去られた状態だった。その小路の一つ「メリー・キングス・クロース Mary King's Close」と言う小路が、今の市庁舎の下に長い間、眠っていたのだ。考古学者はこの路を掘り起こし、昔の姿を再現した。今その小路は市庁舎の脇の入り口から入って中を見学できるようになっている。当時の人々の暮らしが、いかにそこで過酷であったかがわかる。窓のないような真っ暗な家屋、下水が土間の下を流れてさぞ悪臭がしていただろうと思われる家屋。ここには残念ながら日本語イヤホンガイドはないが 17 世紀のエディンバラ市街の一部が想像できて興味深い。

スコットランドこぼれ話

良質なジャガイモのできるスコットランド

　スコットランドの田舎をバスで旅していると、どこまでも広大な畑が広がっているのに出くわす。牧草であったり、菜種油用の菜の花だったり、「ターニップ」と呼ばれるかぶや、「パースニップ」と呼ばれる味は違うが人参を白くしたような根野菜、大麦、小麦類の穀物が栽培されている。が、そんな中に混じって春から夏にかけて大規模にジャガイモ畑が広がる。ジャガイモは毎年同じ畑では作らないので、輪作で何年かおきにジャガイモが栽培される。

均等幅にジャガイモ全粒が植えられるので収穫までの管理が計画通りしっかりできる。スコットランドではジャガイモ農家は大農家だ。
写真撮影提供：マイク・イングリス、スコットランド農業カレッジ
Mike Inglis SAC (Scottish Agricultural College)

　スコットランドは良質のジャガイモができるということで、昔から有名である。イギリスの北に位置するスコットランドの気温は、南のイングランドより3、4℃、あるいはそれ以上に年間を通じて低く病気になりにくく元気がよいというのが主な理由でもある。イギリスの種芋の87%はスコットランド産である。品種の純度を保つために国の検査も大変厳しい。病気を防ぐために、ジャガイモの種は

良質なジャガイモのできるスコットランド

1つの畑で5年から7年に1回しか栽培されない。それ以外の年は他の作物が栽培される。そして、品種改良の開発も盛んである。世界で一番大きなアメリカのポテトチプス会社、あるいはフレンチフライ会社と共同で新品種を開発している。

　日本では「男爵」や「メイクイーン」などの品種が今でも主流で市場に出ているが、イギリスではこれ以上に何種類もの品種が市場に出回る。スーパーマーケットや店頭での一般消費者用の梱包方法も様々で、日本のお米のように大袋となると何10キロという大きなものがあるかと思えば、ばら売りもあるし使いやすい小袋もある。時間があったらイギリスのスーパーマーケット（大きなマーケットの方がよい）をのぞいてみればわかる。イギリスのジャガイモの消費量は、日本のそれに比べて5倍であるから、多くの品種が並ぶジャガイモ・コーナーはずいぶん大きい。日本の主食がお米なら、スコットランドの主食はジャガイモと言っても過言でないことがわかるだろう。

　さて、日本でポテトチップスと呼ばれているものは、イギリスではクリスプと呼ばれている。このクリスプの風味もなかなか日本ではお目にかからないような味付けの物がある。ただの塩味から、ベーコン味、海老味、サワークリーム味、チーズと玉ねぎ味、バーベキュー味、塩と酢味などである。日本より濃い味付けがしてあるので小さな袋でも食べた後に、のどが渇くことが多い。もっともこれを狙ってか、パブでは酒のつまみはもっぱらクリスプである。

　ちなみに、イギリスでチップスというと、いわゆるフレンチフライ、マクドナルドのハンバーガーについてくるフレンチフライをふたまわりくらい太くした、ポテトフライである。これも冷凍物ではなく、新鮮なジャガイモを棒状に切って揚げてあるものはとてもおいしい。しっかりしたレストランでは、生のジャガイモからあげたチップスをだしてくれる。チップスだけでも売ってくれる店が多い。熱々のチップスに塩、ブラウンソース、ビネガー、ケチャップと自分の好きなソースをかけて食べる。

スコットランドこぼれ話

　ヨーロッパの国々では、身が黄色い色のジャガイモが好まれる傾向にあるのに対し、日本では白が好まれるということも面白い。イギリスでは 2010 年 10 月から中身が紫色のジャガイモもスーパーマーケット・センズベリーにお目見えしているが抗酸化作用があって健康によいということだ。日本からの観光客はレストランで出てくるマッシュポテトのおいしさに感動する人が多い。

写真左：紫色のジャガイモを使ったマッシュポテトとソーセージ。

写真下左：紫色のジャガイモをオーブンで焼いたベイクドポテト。

写真下右：紫色のジャガイモのフィッシュ・ケーキ。

見慣れない紫色のジャガイモだが、いろんなレシピが紹介されていて、これから消費が増えていくのかもしれない？

写真提供：アルバート・バートレット・パープル・マジョスティ・ポテト、サリー・ビーのレシピより Albert Bartlett Purple Majesty Potatoes, Sally Bee

スコットランドこぼれ話

すばらしい鍵盤楽器の展示館

　エディンバラ市に「セント・セシリアズ・ホール St. Cecilia's Hall Museum of Instruments」というコンサートホールがある。現在これはエディンバラ大学の音楽学部の一部になっているが、コンサート用に建てられたスコットランドで一番古いホールである。イギリスの中ではオックスフォードの「ホリウェル・ルーム」に次ぐ古いコンサートホールでもある。1763年に建てられた。

湿度が一定に保たれた部屋で何百年も前の楽器たちが今もその音色を奏でる。

　ここには「レイモンド・ラッセル・コレクション The Raymond Russell Collection」といわれる初期の美しい装飾を施した鍵盤楽器が100点以上展示されている。バージナル Virginals と呼ばれる16、17世紀に用いられたハープシコード、16世紀から18世紀にヨーロッパの家庭で愛用されたスピネット Spinets、1840年代のオルガンやフォルテピアノ、ハープ、リュート、16、17世紀のイギリスで流行したリュートに似たシターン、チェンバロ、クラビコード、ピアノなどだ。興味のある方は、先にメールで大学の音楽学部に依頼しておけばチェンバロ等弾かせて貰える。（以前は一般客は誰でも楽器に触れたり弾かせて貰えたのだが、訪れる人が多くなったためか、この頃は許可が必要になってきた）

　一般には週に2回公開していて、土曜と水曜の午後2時から5時までである。通常、一般公開されている場所は、クリスマス、正月

すばらしい鍵盤楽器の展示館

は閉館されることが多いので最初に確かめた方がよい。入場は無料である。（この情報は2012年現在）

詳細は下記のホームページをご参照。
http://www.music.ed.ac.uk/euchmi/sch/index.html

ハープシコードの装飾はそれはそれは美しい。楽器に描かれている絵を見ているだけでも楽しい。

　この鍵盤楽器博物館のほかにも数百という古くからの楽器を収集したリード・コンサートホール Reid Concert Hall Museum of Instruments もある。音楽、特に西洋古典音楽と楽器に興味のある方には是非訪ねてもらいたい隠れた観光場所である。やはり開館は土曜日と水曜日で入場無料だ。

　8月のエジンバラ・インターナショナル・フェスティバル中は特別開館で月曜日から金曜日2時から5時まで開いている。

詳細は下記のホームページをご参照。
http://www.music.ed.ac.uk/euchmi/rch/

スコットランドこぼれ話

パブでビールを楽しむ方法

　もし、「エディンバラにはいくつのパブがあるの？」と、聞かれたら回答に困ってしまうだろう。エディンバラは人口 46 万人の都市であるから、日本でいえば尼崎市、福山市、金沢市の人口に匹敵する中都市でもある。エディンバラ市内には、おそらく 400 以上のパブの数があるだろう（ウェッブサイトで調べてみたら 424 軒という結果がでてきた）。昨今では若い人たちのビール離れ、ウイスキー離れが言われているが、それでもこれだけのパブの数があるのだからすごい。スコットランドのパブ、特にエディンバラにあるパブの多くは、「テナメント tenement」と呼ばれる、住居を含む高い建物群の一番下の階に、他の店舗と同じように軒を並べている。同じパブでも、伝統的に宿屋も兼ねたインと呼ばれるパブもあるが宿泊施設のないパブの方が一般的だ。地方に行くとパブは孤立した一軒の建物になっていることが多いし、宿屋になっているところもある。

旧市街に上る階段の坂のちょうど真ん中にあるハーフウェイ・ハウス。気楽に中に入ってみよう。

　さて、日本でも近年「地ビール」が盛んに言われるようになったが、イギリスでも地方ごとにそこの地ビールが存在する。ビール好きの人なら、まずはそこの地ビールである「ローカル・ビア（ビールではなくビアと発音される）」を試されたらいい。もちろんこのビールは、「ドラフト（樽からの生ビールのこと）」でもらうのだ。どのパブでも飲み物は自分でカウンターまで行って注文をするのが普通だ。日本のように椅子に座って待っていても、いつま

パブでビールを楽しむ方法

でたっても注文取りには来てくれない。食事を出すパブでは、カウンターで食べ物も注文してテーブルで待つことになる。ハンドポンプ（樽からパイプでビールやりんご酒のサイダーなどを注ぐ装置のこと）が、たくさん並んでいる中から自分で選んで注文する。品選びを失敗するのが嫌だったら、先に味見させてもらうことができる。ほとんどのバーテンダーたちは快く、小さなグラスにほんのちょっと試飲として注いでくれる。まずいと思ったら、違うポンプのものを味見させてもらう。いけるなと思ったら注文。最初から自信のない人は「ハーフ・パイント（1パイントの半分の量のことで約284ミリリットル）」の小さなコップで注文したらどうだろう。

　ラガー・タイプのビールに飲みなれた日本人は、イギリスのエールと呼ばれるビールに抵抗のある人が多い。エールもラガーもビールなのであるが、製法が違う。ワインでいったら、赤ワインと白ワインの違いのようなものだろうか。ラガーはどこで飲んでもだいたい同じ味がするからはずれがないが、エールはラガーよりも歴史が古いビールで、それぞれ独特の味わいを持ち、醸造所によって味がかなり違うのだ。ホップの味が強かったり、果実の風味がしたり、なんともいえない甘さがあったり。ホップによって薬草のような苦味が、甘さを抑える役目をしている。観光客の人々が驚くのが、エールは日本のビールのように冷やさない場合が多いことである。この国では、「冷やさないと飲めないくらいまずいビールを飲むなんて」と言う人もいる。そして、ラガーもエールも必ず泡を立てすぎないようにゆっくりコップについでいく。ここは気長に待つしかない。

新市街地のジョージ・ストリートにあるザ・ドーム。中も外も荘厳な趣を持つ建物の中にパブがある。

　エディンバラに

スコットランドこぼれ話

は、ライブ音楽が聴ける「ウィッスル・ビンキーズ *Whistle binkies*」や「タス *The Tass*」、また特に伝統的スコットランドのライブ音楽を聴きながら飲める「サンディー・ベルズ *Sandy Bell's*」などのパブがある。歴史的な建物の内装と雰囲気を楽しみたい人には「ギルドフォード・アームズ *Guildford Arms*」、映画『炎のランナー』の撮影場所にも使用された「カフェ・ロイヤル *The Cafe Royal*」、ビールの管理がよいのと、ゲストビアと呼ばれる、地方の変わったビールが日替わりで入るパブとして、「ブルー・ブレイザー *Blue Blazer*」、ウイスキーのコレクションが多いことでも有名な「ボウ・バー *The Bow Bar*」、庶民的な「モルト・ショベル *The Malt Shovel*」。10人も入れるかと思われる小さなパブ、「ハーフウェイ・ハウス *Halfway House*」や地元のベストセラー作家による推理小説で御馴染みの「オックスフォード・バー *Oxford Bar*」。もとはエディンバラ医科大学の荘厳なホールだったものが銀行になりその後、さらにパブに改造された「ザ・ドーム *The Dome*」や、もとユニオン・バンク・オブ・スコットランドだった「スタンディング・オーダー *The Standing Order*」も、一見の価値あり。

ところで、これらのパブではおつまみ類が日本のように豊富でない。ポテトチップスやピーナッツ類でゆっくり飲みながら話をするというのがスコットランド風である。

大きなシャンデリアが輝く荘厳な雰囲気のザ・ドームの内装。

スコットランドこぼれ話

オークニー諸島の
海草を食べる羊と海岸のアザラシ

　私は、スコットランド最北にあるオークニー諸島で、かつて半年ほど過ごしたことがある。そのときに驚いたのが、オークニー諸島の多くの島の中でも一番北に位置する、島民が70人ほどの小さな島、ノースロナルシー島 North Ronaldsay に住む羊たちだった。

　そこの羊たちは驚くことに、島の海岸の昆布を食べて育っているのだ。イギリスのあちらこちらで目にする、緑の牧場で草を食む羊たちの平和でのどかな情景が、一瞬にしてごつごつとした海岸端のやや小ぶりで栄養がちょっと足りないんじゃないかと思わせる羊たちの姿に変わった。それまで羊が海草で育つなんてことを、私は想像だにしなかったし、この目で見るまでそれが冗談だろうと信じなかった。しかし、島の海岸に行くといるいる。4月の子羊が生まれる時期をのぞいては海岸で、それも海と陸地との境目に造ってあるドライストーン・ダイク Drystone Dyke と呼ばれるスコットランド独特の石垣の外、海寄り側で羊がちゃんと放牧されているのだ。

　このノースロナルシー羊はこの島にスカンジナビア地方からヴァイキングがやってくる以前からおり、人類がどこからかやってきてこの島に住み始めた頃からいたといわれている。地中海からアイルランドを経てこの北の島に住み着いた人たちが連れてきたとも言われており、羊の種類としては原始的な品種に属する二重羊毛で寒さに強く、尻尾の短い品種である。バルト海地方でもよく見られる品種でもある。

　この羊の肉が珍味として、ロンドンあたりの高級レストランに出回っている。ランガム・ヒルトンホテル The Langham Hilton Hotel だとかサボイ・ホテル The Savoy Hotel で出されており、その独特の引き締まった肉は、羊と言うよりもヤギの肉にちかく、海草で育っているので肉にはヨウ素が多く自然の抗生物質が含まれた健康食だと言うことである。チャンスがあったら皆さんもお試しあれ。

オークニー諸島の海草を食べる羊と海岸のアザラシ

　ちなみにイギリス人は昔はマトンと言われる親羊の肉をよく食べたが、最近は臭いのあるマトンより、柔らかで匂いが強くない子羊のラム肉を好んで食べることが多くなっている。レストランのメニューにマトンと書いてある料理を見ることは極めてまれであり、ラム料理が主流だ。チャールズ皇太子が率先して、またマトンを食するように奨励している。彼は子供の頃からマトンの料理が大好物だったとのこと。

限りなく続く海岸線で海草を食べる羊たち。夏の白夜も、冬のオーロラも彼らは気にもとめず、もくもくと食べ続けているかのように見える。

　さて、このノースロナルシー島でもう一つ驚かされるのは、大きなアザラシたちが群れをなして、海岸で日向ぼっこをしている光景にお目にかかることだ。

　4月のある一日、私は近くの海岸にサイクリングをすることにした。面積7平方キロの小さい島だが、歩くとかなり時間がかかる。そこでサイクリングにしたのだが、自転車を飛ばして海岸まで行くと、これまた、50頭以上はいるかと思われるアザラシたちがごろごろしている。人間が近寄ると、ゆっくりゆっくり海を目指して移動し、最後は白い水しぶきをあげて水中に避難する。そのままこちらが砂浜を歩くと、海の中に入ったアザラシたちは好奇の眼で頭だけを水面にだして、ゆっくり泳ぎながら私についてくるのだ。数十頭のアザラシに後を付けられる気分はなんとも説明のしようがない。

スコットランドこぼれ話

昼寝に余念のなかったアザラシたちが人間を見ると、ゆっくりと海に向かって移動する。

　島の友人は、アザラシは歌を聴くのが好きだと、どこからか聞いてきて、早速アコーディオンを持って、海辺で音楽をかなでアザラシを待ちうけた経験があるそうだ。私も時々大声で歌ってみたが、こちらの歌声が気に入らなかったのか、大して効果はなかった。しかし、この島では自然と島民の生活が密着していて、時がゆっくり流れていく。

　冬になると島に１本しか外灯が立っていないためオーロラがはっきり見えるのだと友人は話していた。普通のオーロラは薄い緑色をしていることが多いらしいが、この島では時たま、真っ赤な雄大なオーロラが出ることもあるそうだ。オークニー島ではこのオーロラのことをメリーダンサー Merry dancers とも呼んでいる。ステキな呼び名だ（スコットランドの本島ではオーロラのことはノーザンライト Northern lights と呼ぶことが多い）。島の羊もアザラシもこのメリーダンサーの華麗なダンスを鑑賞しながら冬の夜長を過ごしているのだろうか。

スコットランドこぼれ話

エディンバラの忠犬ボビー

　愛犬家でなくとも忠犬ハチ公の話はご存じだろう。実はここエディンバラにも、よく似た話がある。その話をここに紹介しよう。

　時は 1850 年代、日本の江戸時代末期に当たる頃の話である。庭師だったジョン・グレイはエディンバラで庭師としての職が見つからず警察で見廻り巡査として働いていた。ジョンには「ボビー」というスカイテリア種の毛の長い飼い犬がいて、夜勤の時はいつもいっしょに連れて歩いていた。ボビーがご主人とエディンバラのロイヤルマイルを巡回する姿はよく見られた。

グレイ・フライアーズ・ボビーズ・バーという居酒屋の前にボビーの銅像が立ってる。
1985 年には、新たに形を変えた赤い花崗岩の台が付け加えられ現在にいたっている。

　残念ながら 1858 年 2 月 15 日にジョンは結核でこの世を去ってしまう。彼の遺体はグレイ・フライアーズ・教会 Grey Friar's Kirk に埋葬されたが、ボビーは亡き主人を慕って、葬式が済んだ後も、お墓のそばを離れようとせず、ずっとお墓に付き添っていたというのである。雨の日も風の日も墓石のそばを離れようとしない姿に、町の人々はたいへん心を打たれた。ボビーのご主人への忠誠心は彼が亡くなるまで 14 年間も続いたという。エディンバラ城から時報の 1 時の大砲がなると、それが合図かのようにボビーは墓地から外に出てえさを求めた。墓地の近くの居酒屋が彼にえさを与えていたようだ。近所の人たちはそんなボビーを一目見ようと近くで見守っていることもしばしばだったという。えさをもらって食べ終わるとまた、ご主人の墓の所に戻ってゆくのだった。こんな生活がずっとボビーが亡くなるまで続いたのである。

エディンバラの忠犬ボビー

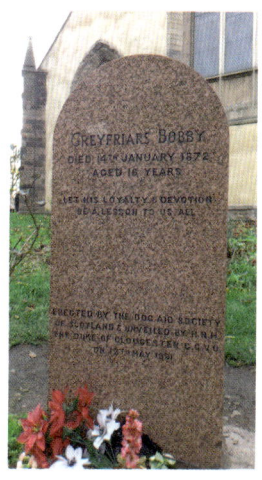

教会の正面を入ると 1981 年 5 月 13 日にスコットランド犬救済協会によって立てられた記念碑がある。碑には「彼の献身と忠誠心をわれら人類の教訓に」と刻み込まれている。花や犬の玩具の献上が後をたたない。

その当時、首輪をしていない犬は野犬狩りで捕まえられ容赦なく処分されていた。時のエディンバラ市長ウィリアム・チェンバーズはこの忠実なボビーの話を聞くと自らこの犬に首輪をプレゼントしようと名乗り出て、ボビーは野犬狩りから逃れられたのである。現在この首輪はロイヤルマイルにあるミュージアム・オブ・エディンバラ（郷土資料館）に展示されている。興味のある方は是非訪ねてみるとよい。

またこの忠犬の話に深く心を動かされたイギリスの動物愛護協会 RSPCA は、ボビーとそのご主人ジョンの眠っている墓地の前に銅像を作ることを決定し、今日ではかわいいボビーの銅像がキャンドルメーカーズ・ロウ通り Candlemakers Row を登りきった所に立っている。観光シーズンになると、この銅像の前で写真を撮っている人々がよく見受けられる。ボビーの墓はこの銅像が立っている後ろにあるグレイ・フライアーズ教会の入り口を入って真正面の所に見られいつも誰かが捧げてゆく花が後を絶たない。

私がエディンバラに来て間もない頃、東京の忠犬ハチ公の話に似ているのでこちらの町が日本の話を真似したんだろうなんて考えたものだったが、これはれっきとした実話であった。いくつか映画化されたものが日本でも放映されたようだ。ディズニー映画でご覧になった方も多いかもしれない。その映画の内容は事実と多少違っているが、いずれにしても幼稚園の子供から小学校の児童まで多くの子供たちが忠犬ボビーの話は親、あるいは先生から聞かされて知っている有名な話である。

MISAKO UDO ミサコ・ウド

　1991年公認ガイド資格取得。長崎県出身。1988年からエディンバラ在住。2003年帰化。
　専門はウイスキー蒸留所のツアー。
　「人生面白くなければ意味がない」がモットー。ガイド業とはエンターテーナーになることだと思っている。
　お客さまからよくいただくあだ名は「どらえもん」と「アラレちゃん」。
　また、ヨーロッパ各地で行われるウイスキーのイベントではマスター・クラスなども行っている。ウイスキーの本（英語版）を書いたり、新聞や雑誌などにも記事や原稿などを寄稿している。英国作家協会会員。

misakoudo@hotmail.com
www.misakoudo.com

スコットランドこぼれ話

スコットランドの有名な発明・発見家の散文

　現代では、多くの発明・発見家の名前が世界中の多くの国々から次々と公表されるようになった。

　しかし 20 世紀初期前までは、発明・発見といえば、スコットランドが先頭に立つほど多くの偉人を生み出した国で有名だった。この本にスコットランド出身の発明・発見家のことを全て書き出したら、辞書くらいの厚さになってしまうかもしれない。

　そこで、我が家の古いティー・タオルに、**トム・アンダーソン・ケアンズ** Tom Anderson Cairns が 1979 年に作った、スコットランドの有名発明・発見家の面白い散文が印刷してあるので、これを紹介してみよう。

＊ティー・タオルとは、日本のふきんのようにコットンやリネン製の食器類をふく布のことをいう。英国内のご家庭には必ずある必需品のひとつ。だが普通のふきんと違い、色々なスコットランドに関する柄やデザインがある。そのためか、多くのご家庭ではふきんとしてだけでなく、壁飾りにしたり、テーブル・クロスにしたりと工夫次第で多様目的に使用している。軽くて割れずかさばらない、お土産品として最も人気のある商品のひとつだ。

我々のような者は他にいない Wha's Like Us

　普通のイングランド人は、自分の城と自慢するマイホームで、グラスゴー出身の**チャールズ・マッキントッシュ**[1]が特許をとったイングランドでおなじみの着古した**レインコート**に袖を通す。通勤途中、エアー出身の**ジョン・ラウドン・マカダム**[2]が発明した**舗装**されたイングランドの小道を大またで歩く。

<small>(1)Charles Macintosh 1766 年 12 月 29 日－1843 年 7 月 25 日。2 枚の弾性ゴムを張り合わせることにより防水加工地を発明し、初めて雨にぬれない**マッキントッシュ・レインコート**を作り出す。1823 年に特許取得する。
(2)John Loudon McAdam 1756 年 9 月 21 日－1836 年 11 月 26 日。砂利を使うことで、ローマ軍以来の画期的な**水はけの良い表面が滑らかな道路造り**を発明する。1770 年から 1782 年まで渡米し、最初の道路は北アメリカの国道とし</small>

スコットランドの有名な発明・発見家の散文

て1830年代に完成する。彼のこの発明によって、1823年から英国を始めヨーロッパのほとんどの幹線道路は19世紀末までに完成することができた。

イングランド人は、ドレッグホーン出身の**ジョン・ボイド・ダンロップ**[3]が発明した**空気タイヤ**のついたイングランド製の車を運転し、駅に着いたら、グリノック出身の**ジェームズ・ワット**[4]が改良発明した**先駆の蒸気エンジン**の列車に乗り、キンカーディン・オン・フォース出身の**ジェームズ・デュワー**[5]が発明した**魔法瓶**からコーヒーをカップに注ぐ。

(3) *John Boyd Dunlop* 1840年2月5日−1921年10月23日。エディンバラで獣医になり、10年後に北アイルランドに移住。1887年までは車輪は鉄や木や空気無しのゴム製で作られていた。それらはでこぼこ道には適さないことから、彼の子供の自転車を試験台に**空気入りのゴムタイヤ**を発明する。1888年12月7日に特許を取得し、ダンロップ・ゴム会社を設立する。しかし、この空気入りタイヤは1845年に同じスコットランド人のロバート・ウイリアム・トムソン *Robert William Thomson* が既に発明していて、1846年にフランスで1847年にアメリカで特許を取得していた。ダンロップは裁判で敗訴し、特許と会社は売却。そのためこの発明からの利益は得られなかったそうだが、今でも彼の名前の社名は世界に知れ渡っている。日本でもおなじみの名前だ。

(4) *James Watt* 1736年1月19日−1819年。最初の**蒸気エンジンの改良モデル**は1765年に完成。詳細は本書のポロック万里子の章の『ジェームズ・ワット』のページをご参照。

(5) *Sir James Dewar* 1842年9月20日−1923年3月27日。科学者で物理学者。*Dewar Flask*（日本ではデュワー・フラスコ）という**保温・凍結保存容器**を1892年に発明し、今でも世界中で実験、医療、家庭用にと幅広く使用されている優れもの。私が遠足に行った時、お茶を入れていったのもこれだ。

会社に行けば、イングランド人はダンディーの**ジェームズ・チャルマー**[6]が発明した**のり付きの切手**がはってある手紙を受け取る。

(6) *James Chalmers* 1782年2月2日−1853年5月26日。アブロース出身。ダンディーに移住し書店、印刷業、新聞発行を営む。1825年からはダンディー（エディンバラ説もある）とロンドン間の配達を早める郵便制度の改正運動を行う。1834年に**のり付きの切手**を発明。ちなみに、1840年には英国で世界初の切手であるブラック・ペニー切手（ヴィクトリア女王の横顔が印刷された黒色の1ペニー切手のことで、青色は2ペンス切手）が発行され、重量制、料金前納、全国統一料金制度などの近代郵便制度が始まり、これが世界中に広がったのだからすごい発明といえる。

日中イングランド人は、エディンバラ出身の**アレクサンダー・グレアム・ベル**[7]が発明した**電話**を使う。

スコットランドこぼれ話

(7)*Alexander Graham Bell* 1847年3月3日－1922年8月2日。1870年カナダへ移住し、その後アメリカへ移住する。1876年3月3日に特許を取得する。同年3月10日に初めての**電話**実験に成功し、助手のトーマス・オーガスタス・ワトソンに「ワトソンさん、こっちへ来てくれ。用があるんだ」という初会話を行う。この発明がなければ、世の中どう変っていたか想像つきかねるほどだ！ また、彼は『奇跡の人』の戯曲のモデルである三重苦のヘレン・ケラーに家庭教師のアン・サリヴァンを紹介した人でもある。私は小学校の頃この話に非常に感動し、感想文まで書いたことを今も覚えている。

家に帰ればイングランド人の子供が、ダンフリーズのキア出身の鍛冶屋の**カークパトリック・マクミラン**(8)が発明した**自転車**のペダルをこいでいる。

(8)*Kirkpatrick Macmillan* 1812年9月2日－1878年1月26日。鍛冶屋だった彼は、1839年に木製の自転車に鉄枠の付いた前車輪にペダルをつけて**こぐ自転車**を最初に発明する。しかし、彼は特許を取得して金もうけすることなどには全く興味が無かった。そのため1846年にマクミランの自転車を模倣したギャビン・ダルゼル *Gavin Dalzell* が、50年以上も自転車のペダルの発明家と信じられていた。ところが、マクミランの親戚のジェームズ・ジョンストン *James Johnston* の調査活動で、マクミランがペダルを初めて自転車につけた発明者だと証明する。事実は、いつかは暴露されるといういい例だと思う。

夜になるとイングランド人は、ヘレンズバラ出身の**ジョン・ロギー・ベアード**(9)が発明した**テレビ**のニュースを見て、カークビーン出身の**ジョン・ポール・ジョーンズ**(10)が設立した**アメリカ海軍**のニュースを聞く。

(9)*John Logie Baird* 1888年8月14日－1946年6月14日。1924年に、初めてちらつく画像を数フィート（1feetは約30.48cm）送信することに成功する。翌年の1925年1月26日には、ロンドンで50名以上の科学者達の目の前で、グラスゴーまでの438マイル（約700km）の距離間をちらつかない画像で送信することに成功し、正式な世界初の**テレビ**の発明を証明する。1928年には大西洋を越えて、ロンドンからニューヨークに画像を送信する。1930年に画像と音声の同時送信に成功する。この発明が最も近代文化を変えたのではないだろうか？ テレビのない生活って想像できますか？ 私はできません！

(10)*John Paul Jones* 1747年7月6日－1792年7月18日。世界三大提督の一人といわれている。アメリカのフィラデルフィアに移民し、アメリカ海軍の前身である北米大陸海軍 *Continental Navy*（アメリカ独立戦争時に設立されたアメリカ13植民地の海軍のこと）に入隊する。1775年12月7日に軍艦アルフレッドの大尉に任命され**アメリカ海軍の父**と呼ばれるようになる。イギリスの艦隊から降服命令が届いたときに「俺はまだ戦い始めていない！」と返答し、この彼の名言はアメリカ海軍のモットーになったといわれているが、相当負けん気の強いスコットランド人だったようだ。

スコットランドの有名な発明・発見家の散文

　イングランド人は、あまりにも多過ぎるスコットランド出身者たちの発明・発見にうんざりし、聖書に助けを求めるが、その中で最初に書かれているのが**聖書（欽定訳聖書）を初めて英語に翻訳させたスコットランドのジェームズ6世王**[11]の名前。

> [11]*James VI* 1566年6月19日－1625年3月27日。彼はスコットランドの唯一の女王だったメアリ女王の1人息子で、隣国イングランドの王位継承権を持っていた。イングランドのエリザベス1世が没した際に、彼女が未婚で生涯通したために跡継ぎがいなかった。そこへ棚からぼた餅のごとく、1603年に彼の曾祖母の弟の娘の王位継承権が転がり込んできたためにイングランドとスコットランドの両国の王として君臨することになり、これが連合王国の始まりとなる。ややこしい話で分かりにくいが、ジェームズ6世の母親はスコットランドのメアリ女王、メアリ女王の祖父はジェームズ4世で、イングランドのヘンリー8世の姉のマーガレット・チュダーと結婚していた。イングランドのエリザベス1世はヘンリー8世の娘だった（お分かりになられただろうか？　私はガイドになった時に、これを理解するのにかなり時間がかかり覚えるのに苦労したものだ）。ちなみにイングランドにはそれまでジェームズという名前の王様は存在しなかったので、イングランドではジェームズ1世となっている。**聖書の翻訳**は、イングランド国教会により1604年から始まり1611年に完成する。この翻訳がなければ世界中に布教できなかったともいわれており、英文学にも多大な影響を与え、20世紀初期まで使用された。

　イングランド人はもうスコットランド人の発明・発見したものからは、どこへも逃れることはできない。

　やけっぱちから酒を飲むが、これもスコットランド人が造った世界で一番の**ウイスキー**。

　イングランド人はやけっぱちになって、ライフル銃をとって自殺するにも、**ファーガソン・ライフル**は、エディンバラ出身の**キャプテン・パトリック・ファーガソン**[12]が発明した。

> [12]*Captain Patrick Ferguson of Pitfours* 1744年6月4日－1780年10月7日。**ファーガソン・ライフル**は1772年に発明され、日本では「火打ち式後装銃」と呼ばれている。今では博物館に行かなければ見れない骨董品だ。

　もしイングランド人が死に逃れようとすれば、運ばれた病院の手術台の上で、ダーヴェル出身の**アレクサンダー・フレミング**[13]が発見した**ペニシリン**が注射され、バスゲイト出身の**ジェームズ・ヤング・シンプソン**[14]が発見した**クロロホルムの麻酔薬**をかけられることになる。

スコットランドこぼれ話

⒀*Alexander Fleming* 1881 年 8 月 6 日－1955 年 3 月 11 日。1923 年に「抗菌物質リゾチーム（今は食品添加物や医薬品として使用されている）」を発見し、1928 年にはアオカビからの世界初の抗生物質の**ペニシリン**を発見する。1945 年にはノーベル生理学、医学賞を受賞する。

⒁*James Young Simpson* 詳細は本書の『麻酔薬はいびきから起こされて発見？』のページをご参照。

　麻酔薬無しではイングランド人も自分の身が、ダンフリーズ出身の**ウイリアム・パターソン**⒂が設立した**イングランド銀行**のように安全ではないことを思い知るだろう（近年の経済状況では、これはちょっと心許ないが……）。

⒂*William Paterson* 1658 年 4 月－1719 年 1 月 22 日。**イングランド銀行**を 1694 年 7 月 27 日にイングランド政府に貸し付けるために設立。これに対し、スコットランド銀行は、翌年の 1695 年 7 月 17 日にスコットランドのビジネスに貸し付けるために設立し、設立者の一人がイングランド人のジョン・ホランド *John Holland* である。また、スコットランド銀行はヨーロッパで始めて自国の紙幣を発行した銀行でもあり、今も発行し続けていているが、エリザベス 2 世女王の顔は紙幣には印刷されてない。

　イングランド人に残された、たったひとつの望みは、
「スコットランド人のように優れた者は他に誰がいるんだ！」
と自問しながら、優秀なスコットランド人の血を輸血されることだけだろう。

　どうだろう？　まさしく、スコットランド人特有のブラック・ユーモアにつきる散文だと思う。では、昔からスコットランド人たちが「宿敵 *Old Enemy*」と呼ぶイングランド人たちは、これをどう受け取っているかといえば、
「書いてある内容は事実だけど、それじゃあ、今は彼らはいったい何を発見・発明しているんだい？　過去の栄光だよ！」
と、私の知っているイングランド人の友人たちは苦々しく返答する。個人的な意見としては、負け惜しみのように聞こえるのだが、みなさんはどう思われるだろう？
　意外にも、このティー・タオルはスコットランド観光に訪れたイングランド人がよく買っていくそうだ。分からないものだ……。
　＊最近売っているティー・タオルには、この散文の改訂版が印刷してあるようなので上記の内容とは異なるかもしれない。

スコットランドこぼれ話

麻酔薬はいびきから起こされて発見？

　スコットランドは昔から、無数の医療関係の発明と発見をしてきたことで世界的に有名だ。その発見の中でも、これまで何度も手術台にあがった私が最も感謝しているのが麻酔薬である。

　クロロフォルムを麻酔薬として最初に発見し実用したのは、14歳でエディンバラ大学に入学し、神童といわれた「ジェームズ・ヤング・シンプソン James Young Simpson（1811年6月7日生1870年5月6日没）」である。

　彼は18歳で医学試験に合格したが、前例のない若さで合格したために直ぐに免許を取得させてもらえず、ようやく20歳で医者としての免許を取得した。

　そして、これまた異例の29歳という若さでエディンバラ大学の教授になった。そのため彼の本名は**ジェームズ・シンプソン**であったが、教えた生徒たちが皆彼よりも年上だったために**若いのヤング**を付け加えて**ジェームズ・ヤング・シンプソン**と呼ばれるようになった。

エディンバラ市の目抜き通り、プリンセス・ストリートに建立されているジェームズ・ヤング・シンプソンの銅像。ちょっと厳格な顔つきだったが、一般市民からヴィクトリア女王まで、階級老若男女問わず慕われていたシンプソン。その人格と医師としての腕前に、彼の診療所の前には毎日長蛇の列の患者が並んでいたといわれている。

　産婦人科医で外科医だったシンプソンは、当時多くの妊婦たちが陣痛の激痛から命を落としていたので、どうにかして無痛分娩［むつうぶんべん］させる方法はないかと思案を巡らしていた。

　彼は2人の医者のマシュー・ダンカン Matthew Duncan とジョー

麻酔薬はいびきから起こされて発見？

ジ・キース George Keith と共に、ありとあらゆる薬品を無鉄砲にも自分たちの鼻で実際に嗅いで、どの薬が麻酔薬として使用できるかと、日々人体実験を繰り返していた。当然その実験中には、危うく死に掛けたこともあったという。

　ついに発見の日は1847年11月4日にやってきた。彼のエディンバラ市の新市街地、クィーン・ストリートの家で、シンプソンをはじめマシュー・ダンカン、ジョージ・キース、姪[めい]のアグネス・ペトリー、海軍将校、シンプソン夫人の6名が集まった。
　夕食後、シンプソンは全員に新薬のクロロフォルムをそれぞれのグラスに注ぎ、彼の
「いいかい？　1、2、の3！」の掛け声で、皆一斉にそれぞれのグラスに鼻を突っ込んでクロロフォルムを嗅いだのだ。

　最初に兆候が現れたのが、姪のアグネスだった。彼女はいきなり興奮した大声で、
「私はこれから空を飛ぶのよ！」と、怒鳴った後、直ぐに
「私は天使よ。私は、て、ん、し。わ、た、しは、てぇーん……」と、小声の尻つぼみになった途端、テーブルにうつぶせになって寝てしまった。
　引き続き、残ったジョージ・キース、マシュー・ダンカン、シンプソン夫人とシンプソンは、突然眠ってしまったアグネスを見て、いっしょに気が狂ったように大笑いしだした。
　しかし、海軍将校だけはそんな笑い狂う変貌した彼らをしばらく不思議な顔をして見ていたが、直ぐに声が出せなくなり、いすから立ち上がって歩こうにもまともに歩けず、鶏のような格好で床をはいだした。
　次に、その無様な格好をした海軍将校を見たシンプソンは、いすから笑い転げ落ちた。そんな彼を助けようとしたシンプソン夫人も彼と共に床に笑いながら転んだ。そして、全員深い眠りに落ちていった。
　その後、何時間経ったのかは定かではないが、シンプソンは彼の近くのいすの下で口を大きく開けて、目をむいたまま寝ているマシュー・ダンカンの大きないびきで目が覚める。目覚めたシンプソ

スコットランドこぼれ話

ンは、更に他の全員が床の上で部屋中に響き渡る大きないびきで合唱するのを聞きながら、
「ちと、強過ぎたようだな」と、独り言を漏らした途端、このクロロフォルムが麻酔薬として使用できることを確信したのだった。
＊この発見説は他にもいくつかの説があるが、エディンバラ大学の医学部によると、今となってはどれが実話なのかは定かではないらしい。

　彼はすぐにこのクロロフォルムを、麻酔薬として臨床応用し世界中に公表した。
　しかし、当時の厳しい聖職者たちからは、このシンプソンの麻酔薬の発見は**悪魔の発見**と批判を受けて、宗教心の強い英国内ではなかなかクロロフォルムの実用が広まらなかった。
　ところが、1853年にヴィクトリア女王が8人目の子供（レオポールド王子）のお産の際に、このクロロフォルムを担当医のジョン・スノー医師に使わせて無痛分娩に成功したことにより、彼の偉業は瞬く間に認められ、スコットランド・ライアン卿法廷からの初めてのナイトの爵位を受けることになる。まさに鶴の一声ならずして、女王様の一体験だったようだ。

　シンプソンは58歳で亡くなり、彼の偉業からロンドンのウエストミンスター寺院からお墓を提供したいとの申し出があったという。
だが、故郷のスコットランドからは死んでも離れたくなかったようで、彼はエディンバラ市内の閑静な住宅街のウォリストン墓地 *Warriston Cemetery* に静かに眠っている。
　当時の新聞によれば、彼のお葬式の日はスコットランドの祭日となり、国民10万人以上が見守る中、1700人以上の医者仲間たちが集ってエディンバラ市内を行進して行われたと記録されている。
　その記事の内容からは、記憶に新しい1997年のロンドンで100万人以上が参列したダイアナ妃の葬儀並みだったようで、彼が単なる医者だけではなかったことがうかがい知れる。

　彼の発見がなかったら、私はウイスキーを1本まるごと飲んで手術を受けていたかもしれないと思うと感謝の気持ちでいっぱいだ。

スコットランドこぼれ話

スコットランドのテイクアウェイは一味違う！

　スコットランドは日本と同じ島国である。当然大昔から漁業は盛んだ。どんな小さな村にも必ず一軒はあるのが、19世紀半ばから始まったといわれる**フィッシュ＆チップス**のお店。そのほとんどはテイクアウェイ *takeaway* というお持ち帰り専門だ。
　しかし中には、気軽にファースト・フード感覚で座って食べれるテーブルやカウンターが、お店の窓際に設置してあるお店もかなりある。

　このフィッシュ＆チップスとは、タラ科の魚（ヨーロッパには色々なタラ科の魚がたくさんいるが、通常スコットランド内ではハドック *Haddock* が主に使われ、隣のイングランドの方ではコッド *Cod* が使われるといわれている）に、日本の天ぷらの衣と同様のものをつけて油で揚げたものと、ジャガイモの太い棒切りを素揚げしたもの（米語のようにフレンチ・フライとは言わず、**チップス** *Chips* と言う）のセットのことをいう。

　ところが、このテイクアウェイのお店で注文する場合は**フィッシュ・サパー** *Fish Supper* という。これは、出てきた量を見ていただければ、サパー（夕食という意味）というのがご理解できると思う。私は20年以上スコットランドに住んでいて、もちろん数え切れないほどのフィッシュ・サパーを食べてきた。悔しいことに、これを全て食べきったことがないほど量が多い。食べた翌朝は、朝食が食べられないほどしっかりと満腹にしてくれるのだ。
　日本からのお客様にもよくお薦めするが、今まで全部食べきったお客様は誰もいない。そして、必ず感想として、
「だから、スコットランド人はあんなにお腹が出ているんだ。納得！」である。確かにいつもこれを全部食べ、ビールを大量に飲んでいたら、スコットランド人に高血圧症と心臓病が多いことをなるほどと思ってしまう。

　衣はお店によって違うが、通常は小麦粉に水を混ぜたものにベー

スコットランドのテイクアウェイは一味違う！

キング・ソーダと酢を加えた衣を使用しているお店が多い。味にこだわるお店になると、水の代わりにビールやミルクを使用するお店もある。ビールで溶いた衣だと、揚げた衣の色が濃いきつね色になるので、すぐにそれと分かる。お店によっては、黒ビールを使用するところもあり、かなり焦げたような色に揚がっているが、なかなかこれがおいしい。これを初めて食べる人たちの中に、
「こりゃ、ちょっと揚げ過ぎだな」と文句を言う人がいるが、食べてみると、カリカリに揚がってはいるが、決して揚げ過ぎでないことが分かる。

　30年前までは、どこのお店でもラードで揚げていたらしいが、高血圧と心臓病が急増したために、今はヴェジタブル・オイルで揚げている。知り合いの高齢者によれば、
「ラードを使っていた頃の方が、今よりも高血圧症も心臓病も少なかったし、今のように肥満も多くなかった。それに味も良かった。どうしてやめたんだ！」と怒る。私は残念ながら、このラードで揚げたフィッシュ＆チップスを食べたことがない。一度は食べてみたいと常々思うのだが、おそらくどこのお店でも今は無理なので自宅で試すしかないようだ。

　食べるときには、塩と共にブラウン・ソースと呼ばれる日本のとんかつソースのようなものか、モルト・ビネガー（麦芽で造った酢）をかけて食べる習慣がある。私は何事も欲張りなので、両方を半々にかけて食べるが、これが何ともおいしい。私の友人たちの中には、塩だけをかけて食べるのが好きな人もいるし、ウスター・ソースをかけるのが好みの者もいる。レストランで出される場合には、上品にレモンとタルタル・ソース付きが多い。

　このフィッシュ＆チップスは今や世界中のあちこちで食べられるようになっているが、スコットランドのテイクアウェイのお店では他では売っていないメニューがある。
　まず、スコットランドの名物ハギス *Haggis*（羊の臓物のみじん切りに玉ねぎ、カラス麦、しょうがなどの香辛料を混ぜて袋に詰めて煮たもの）、ホワイト・プディング（カラス麦入りの豚肉ソーセージ）、ブラック・プディング（豚の血が入ったカラス麦入り豚肉

スコットランドこぼれ話

ソーセージ）、レッド・プディング（ベーコン入りの牛、豚肉ソーセージで赤い色をしている）などのソーセージ類にまで衣をつけて揚げる。とにかく、なんでもかんでも天ぷらにするのが大好きだ。

そして、極めつけが**マーズ・バー** Mars bar（1932年にアメリカのキャンディー製造者の息子、フランク・マーズ Frank C Mars がイングランドのバークシャイヤで、父のアメリカ版を元に作り出したもので、ヌガー、ソフト・キャラメルとアーモンドをミルク・チョコレートで覆ったもの。アメリカではミルキーウェイとして登録商標されている。しかし英国のミルキーウェイとは違うので、お求めの際にはご注意）というチョコレート菓子の天ぷらである。

この起源説は一説によれば、1995年の夏、アバディーンの近くの漁村ストーンヘーヴン Stonehaven にある**ヘーヴン・チップ・バー** Haven Chip Bar が考案して売り出したといわれている。日本人の私たちにとっては、チョコレートの天ぷらとは聞いただけで胃もたれしそうだが、昔から甘いものが大好きなスコットランド人にとってはよだれが出そうなくらい食べたいものなのだ。

このメニューは2004年12月の調査発表によれば、なんとスコットランドのフィッシュ＆チップスの22％のお店で販売されて、17％のお店ではメニューとして過去に販売していたとされている。

ところが、近年スコットランドの児童の肥満率が急増する中、このチョコレートの天ぷらは健康上好ましくないとのことで、次第に姿を消しつつあるようだ。

だがその反面、人口の多いグラスゴーやエディンバラのお店ではまだまだ販売しているところが多く、驚くことに観光客に人気のあるメニューになってきている。これはスコットランドに来た記念として、興味本位で食べているようだが、試した観光客の感想は意外にも好評だという。

金曜日と土曜日の週末の夜は、フィッシュ＆チップスのお店には行列ができる。これは日本の夜食のラーメン、またはお茶漬け感覚に似ているのか、はたまた逆に、日本人のようにおつまみと共にお酒を飲む習慣がないために、飲んだ後にお腹が空くのか、ほろ酔い加減（中には湯気が上がるほど、飲み過ぎの酔っ払いもいる）の人

スコットランドのテイクアウェイは一味違う！

たちでごった返しになる。もちろん中には、週末にはお料理を作りたくない奥さんやお母さんのために、家族分まとめて買いにくる人たちも多い。

　国内ではこのフィッシュ＆チップスのお店が競い合う、様々な大会が毎年各地で開催されている。その中で最も権威があるのが、**全国フィッシュ＆チップス大賞** National Fish & Chips Awards だろう。
　これまで数多くの優勝や受賞をしている老舗が、ファイフ州の漁村アンストラザー（地元ではエインスターと発音するので注意）にある**アンストラザー・フィッシュ・バー** Anstruther Fish Bar だ。この店の最近の大賞受賞は 2008－2009 年である。
　おいしいものには目がない私は、評判を聞いて何度も足を運んでいる。確かにここのフィッシュ・サパーを食べると、しばらくはこの味が忘れられず、エディンバラの自宅の近所のお店のものは食べる気がしなくなるほどだ。ここには、全国から評判を聞きつけてやってくる人たちが多い、スコットランドで最も有名なお店だ。
　ここのレストラン内のテーブルで食べるのも良いが、私のお気に入りはお店の前のハーバーのベンチに腰掛けて、のんびりと外で食べることだ。しかし、気をつけたいのは、今や雑食になっているカモメたちがうるさいほど寄ってくることだ。うっかり海の景色に見とれていると、その油断をねらって、さっと上から飛んできて、このおいしい天ぷらをまこと見事にかっぱらっていく。「どろぼー！」と、過去に何度怒鳴ったことか……。
　ちなみに 2010 年までは、すべてスコットランドのお店が優勝しており、2009－2010 年はグラスゴーの近くのコートブリッジ Coatbridge にある**アトランティック・ファースト・フード** Atlantic Fast Food で、2007－2008 年はスコティッシュ・ボーダーズ地方にあるビガー Biggar の**タウンヘッド・カフェ** Townhead Cafe である。2011 年は残念ながらイングランドのお店が優勝している。

　レストランやパブでの食事に飽きたら、スコットランド人たちが通りを歩きながら、平気で指でつまんで食べる独特のフィッシュ＆チップスのメニューを試してみてはいかが？

スコットランドこぼれ話

さすが、見事に脂がのっているお魚

　スコットランドで是非召し上がって頂きたいのが、スコットランドの**魚の王様**といわれる名物のサーモンだ。
　世界的に定評があるのが、薫製にした**スコティッシュ・スモーク・サーモン**である。こってりとした脂がのったサーモンならではの、口に入れたらとろける旨味［うまみ］は、食べ比べてみると他国のサーモンとは違うことがよく分かる。
　最近では、地元の名物のウイスキーに漬け込んで薫製したり、ハーブ類をまぶしたり、はたまた日本のたまり漬のような味の薫製までが市場に出回っていて食べるのが楽しくなる。

　スコットランドのサーモンは脂がのっているので、グリルにして調理することが多いが、焼いている間にかなりの脂がにじみ出ているにも関わらず、口にするとしっかりとまだ脂が身についていることが分かる。
　また、昔からスコットランドはフランス料理の影響を多大に受けているからか、濃いクリーム・ソースをかけて食べるのが好きだ。一方では、余分な脂分を取るために素ゆでするか、蒸して、塩・こしょうだけで素材のおいしさを楽しむ食べ方にも人気がある。

　このスコティッシュ・サーモンは、野生のものと養殖のものとに大別される。
　まず、野生の方は、スコットランドの川でフライ釣りで捕獲される。英国ではこのフライ釣りは18世紀から始まったといわれているが、スコットランドでのサーモンのフライ釣りは、ヴィクトリア時代の19世紀から巧妙に作られた擬餌針で盛んに行われるようになった。

　その釣り名所の中でも、最も有名な名所がスコットランドの四大銘河だ。スコットランドの中心を流れる総長193kmの**テイ河** The River Tay（スコットランドで最も長い）。ウイスキーの故郷で有名なスペイサイドを流れる総長172kmの**スペイ河** The River Spey（2

さすが、見事に脂がのっているお魚

番目に長い)。南はボーダーズ地方に流れる総長156kmの**ツイード河** The River Tweed (4番目に長い)。そして最後に、ロイヤル・ディー・サイドで名高い、王室の御用邸バルモラル城に沿って流れる総長137kmの**ディー河** The River Dee (5番目に長い)。

　これらの河でサーモン釣りができる期間は、厳しく限定されている。産卵時期を外しているのだ。

　これらの河のほとりをバスで通ると、車窓からサーモン釣りを楽しむ釣り師を見かけることがある。
　日本と違い、サーモン釣りをする場合は、その河川の漁業権を持っている人に使用料金を支払わなければならない。四大銘河以外の場所だと無料で釣りを許されている所もある反面、信じられない話だが、名所になると一日百万円近く払う所もあると聞いている。
　そんな名所では、釣り師の格好もさすがに品格がある。よく目にするのが、ツィード・ジャケットにタータン柄のネクタイ姿だ。かつて、私はその紳士のアングラーたちに、
「釣りをするのに、なぜそんな正装をしているんですか?」と、彼らにとっては馬鹿らしい質問をしたことがある。その彼らからの意外な返答は、
「親愛なるサーモンに、敬意を表しているんだよ」だったが、それ以来、私の釣り師に対する見方が尊敬に変わったのは言うまでもない。この国では、釣りは**紳士のスポーツ**なのだ。

　スコットランドの野生のサーモンは、**アトランティック・サーモン** Atlantic Salmon だ。日本の鮭のように太平洋や日本海育ちではなく、名前通り大西洋育ちである。
　日本のサーモンやスコットランドの養殖もの (通常26ヵ月で成長) よりも成長は遅く、淡水で1年から4年過ごした後、大西洋で1年から3年間過ごしてから産卵に帰ってくる。過去30年間、この野生のサーモンの数が半数以下に減少している。そのためか、今ではかなりの数の孵化[ふか]場産 (人工採卵し放流すること) が年々急増している。
　しかし、それでもこの野生の数はまだまだ養殖ものと比較すると少ない。だから、レストランで野生のサーモンとメニューに書いて

スコットランドこぼれ話

あるとかなり高価になるが、やはり養殖物と比較すると味がかなり違う。

「スコットランドの野生のサーモンと、日本のサーモンとの違いは何ですか？」とよく尋ねられる。私の返答には、毎回お客さまたちは驚かれる。

「スコットランドのサーモンは、しぶといんですよ」だ。

これはご存じのように、日本のサーモンのお母さんたちは1度産卵したらはかなく天国に召されるが、スコットランドの方は1度の産卵くらいではそう簡単に死なないことだ。

昔はかなりの数のこの肝っ玉母さんのようなサーモンたちが、どんなに身体がボロボロになっても、何度も産卵に戻ってきていたらしい。近年は40％ほどが産卵後すぐに死なずに海に戻り、何度も産卵に戻る数は2～4％に急減しているらしいが、それでもかなりたくましいお母さんたちだ。

これも、彼女たちの身体に十分なエネルギー源となる脂肪が、しっかりと蓄えられていないとできないことだ。

天然物の激減から、最近は輸入物のサーモンをスコットランドで薫製にしている商品が急増している。そのため2006年からは法律で必ず「スコットランドで薫製したスコットランド産サーモン *Scottish Salmon Smoked in Scotland*」と、本物のスコットランド産にはラベルに記載してある。注意が必要なのは「スコットランドで薫製 *Smoked in Scotland*」と記載してあるラベルで、これはスコットランド産以外のサーモンの可能性がある。私も何度かこれを購入し、失敗している。やっぱり、脂ののり方が全く違うからだ。

スモーク香の強いウイスキーには、何といってもこの脂ののったスモーク・サーモンが最もおつまみとして合う。お薦めのスモーキーなウイスキーは、アイラ島の**ラフロイグ** *Laphroaig*、**ラガヴーリン** *Lagavulin*、**ボウモア** *Bowmore*、**アードベグ** *Ardbeg*、キャンベルタウンのスプリングバンク蒸留所で造られる**ロングロー** *Longrow*、オークニー島の**ハイランド・パーク** *Highland Park* などがサーモンのこってりとした味に負けずに相性が良い。スコットランドの名物二本立てで、是非満喫していただきたい。

スコットランドこぼれ話

サーモンだけが薫製じゃない!

　旅行者の方々がすぐに思い浮かぶ**スコットランド産の薫製魚**といえば、おそらく多くの人たちが
「もちろん、スモーク・サーモンでしょう」と、答えるだろう。
　しかしこの国には昔から薫製法が発達しており、今や多種多様の薫製の魚がたくさんある。その中でも、私は最も日本人の味覚に合うのが、**アーブロース・スモーキー** Arbroath Smokie だと思う。

　この薫製の由来は19世紀に北欧から伝わってきた**スピンク** Spink という薫製が、スコットランドのアーブロースの町の名物になったものだといわれている。
　しかし一説には、もっと古くからの11世紀始めに、ヴァイキングたちがスコットランドにもたらしたともいわれている。
　はたまた地元の人々が信じている説は、昔ある家が魚を干していたところ、その家が火事に遭って全焼してしまった。そして、その焼け跡から見つかった薫製になった魚を食べたところ、とてもおいしかったので、それから魚を薫製にし始めたともいわれている。

　このように色々な起源説はあるが、歴史上間違いないのは、オックミッシィ Auchmithie という小さな漁村の漁師たちの主婦たちが作り出した物だったということだ。
　彼女たちは漁師の亭主たちが獲ってきたタラが豊漁だった際に、余った魚を保存食として薫製にした。そのころは至る所にウイスキー蒸留所があり、使い古した樽[たる]が多く、どこにでもごろごろしていたので、これを薫製に使いだしたのだ。まず樽を横半分に切って、その中に魚を並べて入れ、その上から煙が逃げないように幾重にも重ねた粗めの麻布をかぶせて薫製にしていた。
　ところが20世紀になると、多くの漁師たちがオックミッシィの村から数マイル南のアーブロースに引越し、アーブロースの町でこの薫製が定着し評判を得るようになった。この評判が全国中に広まるのに時間はかからなかった。

サーモンだけが薫製じゃない！

　材料の魚は、**必ずハドック** Haddock と呼ばれるタラでなければ、アーブロース・スモーキーとは呼べないことになっている。

　現代の製法は、昔の漁師たちの主婦たちが行っていた方法とあまり変わらない。タラは捕獲されると、漁師たちの手によって新鮮なうちに漁船の中ではらわたが取り除かれ、海水で洗われてから箱に詰められて魚市場に持ち込まれる。そして、薫製所に購入されたタラは、頭が切り取られ、塩が振り込まれ、余分な水分が取り除かれるまで桶の中で塩漬けされる。それから、しっぽ同士を組み合わせたタラたちが大きなくしに掛けられる。地面を掘った穴の上には、横半分に切ったウイスキーの樽が置かれる。その樽の底には、スレート石（粘板岩）が敷き詰められていて、樽の縁にこのくしが何本も掛けられる。そして、昔ながらの粗い麻布で覆い、オーク材やブナ材を燃やして薫製される。

　薫製には最低でも約30分から40分かかるが、この仕事は薫製加減が風味を左右するので、天候や魚の状況を知り尽くした熟練職人しか行わない。アーブロースでは今でも非常に手間暇かかるやり方で作られている。

昔ながらの製法で、半分に切った樽の中で時間をかけて薫製されるタラ。これが、名物のアーブロース・スモーキーになる。
写真撮影：ラノック、ドリームズタイム・ドット・コム
Rannoch, Dreamstime.com

スコットランドこぼれ話

　私はこの名物の薫製を 20 年以上前に初めて食べたのだが、そのときにどれだけ白米のご飯といっしょにこの魚を食べたかったか、今でも鮮やかに覚えている。そうなのだ。この薫製ほど、日本のご飯に合うおかずはないと思う。
　もちろん今の私は、自宅で焼いたこの薫製にたっぷりのおろし大根と醤油をかけて、白米のご飯と共に心ゆくまで満足している。
　通常スコットランド人たちは、私と違い、これをジャガイモと一緒に「おいしい、おいしい」と言って食べるのだ。彼らには申し訳ないが、この薫製はやはり白米のご飯と最も相性がいいと断言したい。それから、もちろんウイスキーのおつまみとしても捨てがたい一品だ。

　昔は数件の薫製屋でしか作られていなかったので、この薫製はアーブロースに行かなければ購入するのが難しかった。
　しかし今やアーブロースの町の 15 ほどの薫製屋が作っており、大きな食料品店や、スーパー・マーケットにも出荷していて、国内のどこででも購入することができるようになった。
　その一方では、この薫製が今やグルメたちの人気メニューにもなっている。それは、英国内の有名シェフの多くがこの薫製をレストランのメニューとして出しているからだ。その場合は、必ずブランド名として「アーブロース・スモーキー」と書いてあるから、大した薫製だ。

　このおいしい薫製は、2004 年に欧州連合委員会から**保護ブランド食品**として認定されており、アーブロースの町以外の他の土地で作られたタラの薫製は、アーブロース・スモーキーとは呼べないようになっている。
　しかし、それでも時々値段が「あれっ？」と思うほど安過ぎるものが出回っていることがあるので、お買い求めの際は偽物にご注意して欲しい。おそらくこれらは、ハドック以外の魚たちが大きな工場で近代化した薫製機械に入れられて手間暇無しで作られたものかもしれない。最も間違いないのが、現地のアーブロースで購入することだ。私はアーブロースに行く機会があれば、必ずこれを購入するのが楽しみになっている。

スコットランドこぼれ話

おいしいベリー王国！

　あまり日本の皆さまに知られていないのが、スコットランドがフルーツのベリー種の産出大国ということだ。

　スコットランドの旅の途中、車窓からときどき見えるビニール・ハウスのほとんどがこのベリー種の栽培所になる。特にテイサイド地方のストラスモア谷では所狭しと栽培され、他にもグランピアン地方、アラン島、エアー地方、スコティッシュ・ボーダーズ地方などのスコットランドのあちらこちらで多く栽培されている。

　スコットランドで栽培されているベリー種の代表格は、何といっても世界中に大量輸出している**ラズベリー** Raspberry だろう。スコットランド産のラズベリーは、他国産と比較して芳香が高いと昔から定評があった。

　これを大量生産し始めたのが 20 世紀初めである。最初はアンガス地区の農家たちが組合を組織して、それまで人気のあったストロベリーからラズベリーの量産に踏み出した。そして更に生産者が増えた理由は、第一次世界大戦後に復員者たちが一日も早く普通の生活に戻れるようにと、慈悲深い地元の大地主たちが彼らに農作地を貸し出してくれたからだ。その時に彼らが選んだ農作物が、この地区の気候に適していたラズベリーだった。

　このラズベリーは、スコットランド名物デザートのひとつである**クラナハン** Cranachan に多く使われる。今でも多くの年配のスコットランド人たちは、これを**クリーム・クルウディー** Cream Crowdie とも呼ぶが、これは本来スコットランド産のクルウディー・クリーム・チーズを使用していたことに由来する。

　これは、まず新鮮なラズベリーをたっぷり背の高いグラスに詰め込んで、その上にホイップした蜂蜜入りの生クリームをこれまたたっぷりとのせ、仕上げにトーストしたオートミールをかけて食べる人気のあるデザートだ。多くのレストランでもメニューにのせているので、機会があればぜひ召し上がって欲しいデザートである。ラズベリーの甘酸っぱさと、生クリームのなめらかさと、さくさくのオートミールの見事な組み合わせだ。

おいしいベリー王国！

　次に生産量が多いのが**ストロベリー**だが、本来イングランドの方がこちらは有名である。しかし、年々スコットランド産の量がかなり増えてきている。これもラズベリー同様、ビニール栽培で大量生産され、過去5年間で80%も生産量が増えている。

　これは生イチゴとして出荷する他、ジャム会社に大量に卸されているためである。スコットランド産のイチゴは、日本産と違い、強い酸味がある。しかし、これがジャムになると、その酸味が活かされて味を濃厚にしてくれる。

　そして、これまた生産量が多いのが**ブラックカラント** *Blackcurrant*（クロフサスグリ）だ。しかし、これは総生産量の95%が**ライビーナ** *Ribena* という人気の濃縮飲料の原料として卸される。私は最初この商品はお子さま用の飲料かと思っていたが、けっこう多くの大人たちも大好きな飲料で、コーヒーや紅茶は飲まないが、このライビーナだけは飲むという友人たちもいる。国内のどんな小さな商店でも、必ずこのライビーナは売っているほどだ。残りの5%は、ジャム、ゼリー、パイなどの材料として使われている。一昔前は、どこの家庭の庭や野道でも見つけられるほどのベリーだったが、最近は残念ながらあまり見かけない。

　それから忘れていけないのが、**ブルーベリー**。これはスコットランドでは**ブレイベリー** *Blaeberry* と呼ばれている。このブレイベリーで作ったジャムの起こりは、ジェームズ5世王のフランスから嫁いできたギーズ家のマリ（メアリ）王妃が、祖国から持ってきた野生の種をまいて育て、その実をスコットランドでジャムにしたのが始まりといわれている。由来は王家のジャムなのだ。

　このベリーは国内のあちこちで、7月から9月にかけてたくさんの実がなっているのをよく目にする。スコットランドの西のヘブリディーズ諸島では、昔から下痢止めの薬にもなっていたが、今や世界中で目に良い果物として人気があり、日本でも近年人気があるベリーなのでご存じの方々も多いと思う。私はこれが大好きだ。

　これに対し、日本ではあまり見かけないのが**ブランブル** *Bramble*（黒イチゴ）だ。ブランブルは、イングランドでは**ブラックベリー**とも呼ばれているが、スコットランドの茂みでかなりたくさん見つけられるベリーで、スコットランドの子供たちに昔はかなり人気のあった果物だ。悲しいかな、今は昔のように元気に茂みに

スコットランドこぼれ話

　入って採って食べている子供たちを見かけることもなくなった。このブランブルは他のベリー同様ジャムやパイなどにも使われる他、ゲーム料理（狩猟で捕った鹿、きじ、うさぎなどの料理のこと）にも頻繁に使われている。

　スコットランドだけで栽培されている新種に**テイベリー** *Tayberry* というのがある。これは、**ブラック・ラズベリー**と**ローガンベリー**（ラズベリーとブラックベリーの品種改良）とを掛け合わせた、品種改良のベリーで濃い赤色のラズベリーよりもやや長い実をしている。これもジャムなどの他に、パイや料理用のソース用によく使われる。最もおいしい食べ方は、アイスクリームと一緒に食べるというもので、その芳香が冷たいクリームによく合って、ついつい食べ過ぎてしまうほどだ。

　最後に、**レッドカラント** *Redcurrant*（アカフサスグリ）があるが、これはブラックカラントよりも甘みが控えめで酸味が強いので、料理の飾りにしたり、生で食べるよりはジャムやゲーム料理用としてほとんどが使われている。

　これらのベリー種のほとんどが生で出荷されるよりも、スコットランドではジャムとして製品化される。

　このジャム生産者の中に、近年注目を集めている若者がいる。彼の名前は**フレーザー・ドハティー** *Fraser Doherty*。エディンバラ在住で、別名、**ジャム少年**と呼ばれている、地元では有名な今年 23 歳（2012 年現在）になる青年だ。

　彼が 14 歳の時に、当時 70 歳になる彼のおばあちゃんが砂糖の代わりにグレープ・ジュースを使って無糖ジャムの作り方を伝授したことから始まる。おばあちゃんからのこの秘伝のジャムは、**スーパー・ジャム** *Super Jam* と登録商品化された。2006 年には全国の大手のスーパー・マーケットなどにも卸すようになり、50 万個の売り上げを上げ、売上高は年々伸びている。スーパーに行く機会があれば、日本ではまだ発売していないので、スコットランド産のお土産として購入されることをお薦めする。

　私はこのスーパー・ジャムをたっぷりとトーストにのせて食べるのが大好きだ。問題は自然の甘さでしつこくなく、他のジャムよりもフルーティなのでついつい食べ過ぎてしまうことだ。

おいしいベリー王国！

ジャム少年のフレーザー君。
彼から日本の読者の皆さんへメッセージが届いた。
「日本からの皆さんが、僕の国で素晴らしい食べ物をお試しになる機会があるように願っています。世界で最高のシーフードとフルーツとウイスキーは、この僕の国で作られています」

ジャムの容器は、ほとんどがガラス製なので、お客さまが日本へお持ち帰りには少々重いかもしれないが、スコットランドの新しいお土産としてお求めになられてはいかがだろう。

写真提供：スーパー・ジャム　*Super Jam*

　また、ジャムの中でも世界中で人気があるのが、**オレンジ・マーマレード**だ。一説によれば、このオレンジの皮を刻んで煮詰めた今のマーマレードの起源は、スコットランドの**ダンディー** Dundee の**ケイラー** Keiller 一家が、1700年代に作り出したといわれている。

　スコットランドではオレンジは栽培されていないのに、このジャムが有名になった由来は、ダンディーの海岸に大量のスペインのセヴィル・オレンジを積んだ船が冬の嵐で遭難したことに始まる。

　この売り物にならなくなったオレンジを、当時海岸沿いで小さなお菓子と保存食を売るお店を経営していたジェームズ・ケイラーが二束三文で全部買い取ったのだ。しかし他のオレンジと違い、予想に反してこのセヴィル産は渋みと苦味があり、そのままでは売れないことに気付いた彼は消沈した。そんな夫を救ったのが、しっかり者の妻のジャネットだった。

　彼女はオレンジの実と汁を煮詰めただけのその当時のマーマレードではなく、皮を捨てるのはもったい無いというスコットランド人特有の無駄を好まない性格から、この苦味のあるセヴィル・オレンジの皮を厚切りにして刻んで、それまでのマーマレード作りに加えて作ったのだ。これがなんと、オレンジの独特の香りと甘さと苦味のバランスがとれたマーマレードとなり、瞬く間に売り切れてしまった。この大成功から、定期的にセヴィル・オレンジを大量に輸

スコットランドこぼれ話

入するようになった。その後、ケイラー家の子孫ジェームズと彼の母の時代の1797年には大きな工場も建てるようになり、1870年代にはオーストラリア、ニュージーランド、南アフリカ、インドや中国へと大量に輸出するようになり、**ダンディーのマーマレード**と世界的に有名になっていったのだ。

　この有名な伝統あるダンディー・マーマレードの製法を、現在もダンディーで唯一引き継いでいる会社が**マッカイ社** Mackays だ。

　1938年から昔ながらの銅製底の鍋で、丁寧に職人の手で大きなしゃもじでかき混ぜながら、手間暇かけて今もこの製法で作っている。非常に根気のいる仕事だが、これが深い味わいある風味を作り出すコツだ。

マッカイ社の名物マーマレードは、昔からの手間暇惜しまない釜作り。厚切りの果肉がいっぱい詰まっている。
写真提供：マッカイ社　MACKAYS

　この会社の製品も、英国内の大手のスーパーで簡単に購入できるので、ぜひお薦めしたい一品だ。うれしいことに、最近日本でも販売しているらしい。

　私は冬の寒い日には熱い紅茶に、このマーマレードをたっぷり入れてロシアン・ティーで楽しんでいる。

　スコットランド人は風邪をひくと、マグカップにブレンド・ウイスキー（私のお気に入りは、スコットランドのどこにでも売っている定番のフェーマス・グラウス Famous Grouse、間違ってもシングル・モルトは使わない）、蜂蜜、レモンとクローヴ（シナモンやナツメグを入れることもある）を入れ、お湯割りにして飲む、**ホット・トディー** Hot Toddy を愛飲しているが、ひきかけの場合は、このロシアン・ティーでもかなり効き目があるのでお薦めしたい。身も心もぽかぽかと温まる飲みものだ。最後にカップの底に残ったオレンジの厚切りの果肉が、これまた癖になるほどおいしーい！

スコットランドこぼれ話

スコッチ・ウイスキーの定義は何？

「スコッチと日本のウイスキーの違いは何ですか？」と、よくお客さまから質問される。基本的には、日本のウイスキーはスコットランドのウイスキー造りを倣っている。

　これは、日本で最初のウイスキー蒸留所である**山崎蒸留所**を 1923 年に建てたサントリー社（当時は寿屋だった）が、**竹鶴政孝**を雇用したことから始まる。

　もともと摂津酒精醸造所に勤めていた竹鶴政孝は、社命で 1918 年（大正 7 年）7 月から 21 年（大正 10 年）11 月にかけてスコットランドに留学し、スコッチ・ウイスキーの造り方を日本に持ち帰っていたからである。

　彼が留学していた時代のスコットランドでは、今のように多くの蒸留所にビジター・センターがあるわけではなく、どの蒸留所もウイスキー造りの技術知識は門外不出とされていた。そのため、部外者を蒸留所内に立ち入りさせる事はとんでもない時代だった。そんな時代に、彼は幸運にもロングモーン Longmorn 蒸留所（今も操業中）とヘーゼルバーン Hazelburn 蒸留所（今は残っていない）でウイスキー造りの秘伝を習得してきたのだ。この山崎蒸留所の最初の工場長として、日本で最初にウイスキーを造った彼は、後にニッカ・ウヰスキー社を創設した（詳細は本書のポロック万里子の『竹鶴政孝とリタ』の章をご参照）。

　1962 年（昭和 37 年）に来日した英国のヒューム副首相は、この竹鶴政孝のことを、
「1 本の万年筆とノートで、スコッチ・ウイスキー造りの秘伝を持ち帰った日本人」と評したといわれている。

　しかし、造り方を倣ったから同じかといえばそうとはいえない。スコッチの方は、日本のウイスキーよりも、詳細に多くの定義が法で定められており、世界中のほとんどの国々で**スコッチ**というブランド名が保護されている。

スコッチ・ウイスキーの定義は何？

　スコッチ・ウイスキーは、正確に言えば現在5種類のウイスキーに分類される。

　まず、**シングル** Single と**ブレンド** Blended（英語ではブレンディッド　と発音）に大別される。

　シングルの方は、更に**シングル・モルト** Single Malt と**シングル・グレーン** Single Grain に分けられる。

　この2つのウイスキーの大きな違いは、シングル・モルトは大麦の麦芽（モルト）だけを原料とし単式蒸留器で造ったもの。これに対し、シングル・グレーンは麦芽だけではなく他の穀物（グレーン）も原料にし連続蒸留器で造ったものである。

　この**シングル**の意味とは、ひとつの蒸留所で造ったもので、他の蒸留所で造られたウイスキーは一切混じっていない物をいう。

　複数の蒸留所で造られたシングル・ウイスキーを混ぜ合わせたものを**ブレンド**と呼び、これが3種類のブレンド・ウイスキーに分かれる。

スコッチ・ウイスキー最古の文献。1494年の大蔵省記録。
写真提供：デビッド・ウイリアムソン、スコッチ・ウイスキー協会
David Williamson, Scotch Whisky Association

　シングル・モルトだけを混ぜ合わせたものを、2005年2月からは**ブレンド・モルト** Blended Malt と呼ぶようになった。それまでは、これを**ヴァッティド・モルト** Vatted Malt、または**ピュア・モルト** Pure Malt と100年以上呼んでいた。

　しかし一時期スコットランドでは、混ぜていないシングル・モルトのこともピュア・モルトとラベルに表示していた時代もあった（その当時はシングル・モルトの商品が圧倒的に少なかったので、純粋な混ぜていないシングル・モルトのウイスキーということを強調するために表示していたといわれている）。日本の蒸留所などでは、今でもシングル・モルトの樽[たる]にピュア・モルトと表示して

スコットランドこぼれ話

いるところもある。

そして、シングル・グレーンだけを混ぜたものを、**ブレンド・グレーン** Blended Grain（市場にはほとんど出回っていない）と呼んでいる。

最後に、圧倒的に販売量が多い（総量の約 90% くらい）のが、**ブレンド・ウイスキー** Blended Whisky と呼ばれるモルトとグレーン・ウイスキーを混ぜたものだ。

このウイスキーは通常 15 から 40 銘柄以上のシングル・ウイスキーが混ぜられるが、モルト・ウイスキーの含有量が多いものほど高級ブレンド・ウイスキー扱いになる。安いブレンド・ウイスキーだと 5% 以下のモルト・ウイスキーしか混ぜてないものもある。

スコッチと法的に呼べるのは、第一に**スコットランド内の蒸留所で造られたもの**で、隣のイングランドやアイルランドの蒸留所で造られたものはスコッチではない。

また、**スコットランドでビン詰め**されていなければならない。つまり、このウイスキーを、隣国のイングランドや他の国でビン詰めしたら、それはスコッチとして呼べないことになっている。

第二に、**700 リットル以下の容量のオーク材の樽**で、スコットランドで **3 年以上熟成**させたものであること。

3 年以下の熟成で輸出され他国で熟成されれば、これはスコッチではなくなる。つまり、蒸留したて（ニュー・ポット New Pot またはニュー・メイク New Make という）、または、3 年未満熟成のスピリッツ（これもわずらわしいが、ニュー・メイクと呼ばれることがある）が、日本へ輸出され、日本で熟成されれば、それは日本のウイスキーであり、スコッチとは呼べなくなる。**生まれも育ちもスコットランドでなければならない**、というわけだ。

「日本製のほとんどのウイスキーには、スコッチが入っている」と言うウイスキー愛好家の方々もいるが、これは間違いである場合が多い。日本へ輸入されているスコッチ・ウイスキーの原酒のほとんどは、3 年以下のスピリッツで輸入されて、日本で熟成し使用されている場合が多いからだ。

スコッチ・ウイスキーの定義は何？

　そして、第三に**原料は水、麦芽（他の穀類も含む）とイースト**（酵母）だけを使用するとなっている。
　ただ厳密に言えば、全てのブレンド・ウイスキーや、多くのシングル・モルトには、業界で認定されている**プレイン・カラメル** *Plain Caramel*（E150a）、またはスピリッツ・カラメルとも呼ばれている着色料を加えている。このカラメルは着色料とは呼んでいても、人工添加物は一切入っていない天然のものである。このタイプのカラメルは、ワイン、ビール、ブランデーなどのアルコール類の他、多くのパンや菓子類にも使われている。
　カラメルを添加する理由は、樽からだけの自然色でウイスキーをびん詰めをすると、どうしてもそれぞれの樽からのウイスキーの色は違ってくる。だから昔は毎回びん詰めするごとにウイスキーの色が一定しておらず、消費者からの多くの苦情になったそうだ。
　そのため消費者に満足してもらえる、びん詰めするごとにいつも同じ色をしている商品を供給するために、それぞれ若干の色の調整を行うために添加している。
　またこれをカラメルと呼んでいても、このカラメルには甘みはなく、単なる色づけのために使用している。
　最近あるアメリカの観光客たちがウイスキー専門パブで、
「このウイスキーには、カラメルが添加されているので甘過ぎる」
と自信満々に話していたことがあるが、これは大きな間違いである。
　ウイスキー用のカラメルは特殊な着色料で、これが添加されているからウイスキーの味に甘みが増すということはあり得ず、ただ単に色づけをするだけである。
　かつて数名のウイスキー専門家たちと共に、ブラインド・テイスティング（銘柄を知らされず試飲すること）でどのウイスキーにカラメルが入っているか、いないかを試したことがある。結果は、誰一人としてどれにカラメルが入っているのか判明できなかった。だから、普通の消費者の方々がこの着色料用のカラメルの味がするとか、香りがするとか言われるのには疑問がある。もちろん、ウイスキーには樽からの自然のカラメル香はあるのでお間違いのないようにお願いしたい。
　しかしこのカラメルの着色料添加に関しては、この10年ちょっとの間に業界とウイスキー愛好家たちの大議論の的になっている。そ

スコットランドこぼれ話

のため、今や多くのシングル・モルトには「人工的な着色は行っていない」とか「このウイスキーには何も添加していない」と明記しているボトルが目立ってきている。

　個人的には、消費者がもっとウイスキーのことを知ってくれるようになれば、ウイスキー会社もカラメル添加をする必要がなくなると思うのだが、やはりこれはかなり時間のかかることだと思う。

　また、**原料の麦芽となる大麦や穀類はスコットランド産だけとは限られていない**。つまり、現在では幸いにもほとんどがスコットランド産を使用しているが、中にはアメリカや他のヨーロッパ産のものも原料として使用されている。これはスコットランドのウイスキー蒸留所がとてつもない量の大麦や穀類を使用するために、スコットランド産だけではまかないきれないという実情からきている。

　さらに、蒸留の際には**アルコール度数が94.8%を超えない**ことが条件となっている。

　よくお客さまが疑問に思われる、**ウイスキーのラベルに表示してある年数**は、混ぜられたウイスキーの中で最も若いウイスキーの年数が表示される。これは、ウイスキーの最低熟成年数を消費者に保証するためである。

　例えば、ここに15年物のブレンド・ウイスキーがあるとすると、そのウイスキーを造るために使用されたモルトとグレーン・ウイスキーは、すべて15年間以上熟成されたウイスキーだけであるということだ。もし、その中のひとつが5年間しか熟成していないウイスキーであれば、そのウイスキーは5年物とラベルに表示しなければならないことになる。また別の意味では、15年物でも中には30年間以上熟成されたウイスキーが使用されているかもしれない。

　つまり、ちょっと複雑かも知れないが、たとえラベルには15年物と表示してあっても、使用されているウイスキーの全部が15年間きっかり熟成したものだけではないということだ。これは、ブレンド・ウイスキーだけでなく、シングル・ウイスキーも同じである。

　このようにスコッチ・ウイスキーの定義は、かなり詳細に法で決

スコッチ・ウイスキーの定義は何？

められているが、この定義内容は時代と共に増えている。

これは、**ウイスキーと言えば、スコッチ**と言われるほど、世界的なブランド名になったためで、そのため世界中の至る所でスコッチの偽造品が出回っているのだ。

エディンバラ市内にあるスコッチ・ウイスキー協会本部。ここでスコッチ・ウイスキーの定義が決められ、ブランドが守られる。
写真提供：デビッド・ウイリアムソン、スコッチ・ウイスキー協会
David Williamson, Scotch Whisky Association

この偽せものが市場に出回るのを防ぐために、ほとんどのウイスキー会社がメンバーになっている**スコッチ・ウイスキー協会** Scotch Whisky Association と呼ばれる団体がある。

これは他の業界同様の協会なのだが、彼らの重要な活動内容は、世界中で出回っている偽造品を見つけ出し、その国で今後偽造品が出回らないように、更にスコッチをその国で法的に保護するように働きかけることなのだ。しかし、これが今では「いたちごっこになっている」といわれている。つまり、スコッチの偽造品が年々急増しているからだ。「現在世界中に出回っている偽造品の正確な数は計れない」とまで言われだしている。そのためこの協会では、これ以上偽造品が出回りにくいように、多くの定義付けをしていきながらスコッチ・ウイスキーを守るようにしているのだ。

もし、どこかであまりにも安過ぎるスコッチ・ウイスキーを見かけたら、ちょっと疑った方が良いかもしれない。しかし、それが本物のスコッチ・ウイスキーだったら大もうけものである。

スコットランドこぼれ話

にしんブームがウイスキー造りに貢献？

　ウイスキー造りに欠かせないのが、熟成するための樽[たる]である。本来この樽による熟成は、1914 年まではウイスキーの熟成を義務付ける法律がなく、どこの蒸留所でも蒸留したての全く熟成していない、スピリッツと同じ無色のウイスキーを売ることができた。
　ところが、元グレンゴイン蒸留所の間接税収税吏を務め、間接税局行政長官になったアーサー・ジョン・テダー卿 Sir Arthur John Tedder が提案した**未熟スピリッツ法** The Immature Spirits Act が制定されてから、スコッチの歴史が大きく変わることになる。1915 年に 2 年以上、翌年の 1916 年には 3 年以上熟成していなければならないと制定され、スコッチ・ウイスキーとは 3 年以上オーク材（日本ではブナ科コナラ属の楢[なら]のことで、よく間違えられる樫[かし]ではない）で作った樽で熟成させたものという定義が決められた。
　すなわち、3 年未満のものはウイスキーではなく、他のジンやヴォッカ同様、**スピリッツ**扱いになる。

　専門家たちによれば「樽次第でウイスキーの味、香りが違う」と言われるほど、樽がウイスキーに及ぼす影響は大きい。
　樽の素材には、法律で定められたオーク材しか使用できない。熟練の樽職人たちは、クギを 1 本も使わず金属の輪で樽板を締めただけで、液体が漏れることのない樽を造り上げる。正しくプロの職人芸である。通常この樽職人たちは出来高制で賃金を稼いでおり、数年前に聞いた話では、
「シェリー樽を 1 つ造り直して 100 ポンド稼げる」と言っていた。

　ワイン生産国では大昔から多くの樽職人がいる。しかし、スコットランドは昔も今もワインの生産国ではない。
　そこで、樽職人たちの技術を磨いたのが、スコットランドの 19 世紀始めから 20 世紀始めまでの**にしんブーム**だ。塩漬けしたにしんを輸出するためのコンテナとして、樽を造っていたことに始まるといわれている。
　このブームは、スコットランド人たちがにしんを、**シルバー・**

にしんブームがウイスキー造りに貢献？

ダーリン（銀色の愛すべき者よという意味）と呼んでいたことからも分かるように、スコットランドに多額の収入をもたらし、漁師だけではなく、**にしんガール**と呼ばれる加工職人や樽職人などの関連職が人気職となった。

それまでは小さな漁村だった多くの村々は人口が急増し、至る所ににしん御殿は建てられるわ、その職人たちのためにパブは増えるわ、ウイスキーの消費量は急増するわと、全てが夢のような黄金時代をもたらした（つくづくその時代に生まれたかったなぁ……）。

北にあるウィック Wick という漁村もその代表的な例だったが、にしんブームに関わる1万6千人の内650人が樽職人で、毎日毎日樽造りに追われて職人不足だったといわれている。

記録によればピークだったのが 1907 年で、にしんはこの当時周りの海岸沿いで年中漁獲されており、25万トンのにしんが塩漬けにされ250万の樽に詰められて、ドイツ、東ヨーロッパとロシアへ主に輸出された。

ウイスキーの故郷として有名なスペイサイドにあるスペイサイド樽工場 Speyside Copperage では、毎日樽職人が古い樽を造り直している。
写真提供：デヴィッド・ウイリアムソン、スコッチ・ウイスキー協会
David Williamson, Scotch Whisky Association

現在スコットランドのウイスキーの熟成に使用される樽は大多数がホッグズヘッド Hogshead（豚の頭という意味）という約230か

スコットランドこぼれ話

ら250リットルの容積の樽だが、これはアメリカのバーボン・ウイスキーの熟成に使用した約180リットルの容積の空樽を輸入し、スコッチ・ウイスキー用に一回り大きく造り直した樽である。

　もちろんこのバーボン・ウイスキーの空樽をそのまま使うこともあるが、これらの樽のほとんどはばらばらにした解体された状態で輸入し、熟練の樽職人たちによって組み立て直される。

　英国では16世紀末からシェリーを大量に愛飲するようになっていて、そのためか昔からスコッチ・ウイスキーの熟成にはシェリー酒の空樽を多く使用していた。

　しかし、時代の流れからシェリー酒を愛飲する人口が年々減少しているので、今やシェリー酒の空樽はバーボンの空樽の10倍以上の価格で取り引きされるほど貴重な樽になっている。

　昔ながらのシェリー風味に今もこだわっている蒸留所などは、スペインの**ボデガ**と呼ばれるシェリー製造社の熟成倉庫にシェリー酒を買って与え、彼らが造った新樽にシェリー酒を入れてわざわざシェリー酒の空樽を造らせることまでしている。

　ほとんどの蒸留所では、そこまでの投資と時間をかけることができないので、同じシェリー酒の空樽を何度も何度も使い回しするしかないのだが、その際にも樽職人たちが毎回修理をしながら大切に使っている。あるウイスキー会社が実験したところ、この樽は木の材質と造りが良ければ、最高50年以上は使用できるという。

　ウイスキーの故郷として名高いスペイサイド Speyside 地区の蒸留所だけでも年間15万樽以上を使い、スコットランド全体では現在2000万樽以上が熟成に使用されているといわれている。

　その大量の熟成中の樽からは、**エンジェル・シェア** Angel Share（天使の分け前）と呼ばれる年間約2％のアルコールが揮発し、空気中に大量に流れていくので、
「スコットランドの空気は、元気を与える！」といわれている。

　ちなみにウイスキーの語源は、古代ケルト語の uisge beatha 命の水という意味なので、さすが元気がでるはずである。そんな多くの数の樽が、今もスコットランド国内で供給できるのはにしんブームではぐくまれた職人芸の恩恵である。天使も感謝！　私も感謝！

スコットランドこぼれ話

日本で買えないウイスキーはどれ？

　スコットランドで造られているウイスキー銘柄の総数は、一説では現在2500銘柄以上といわれている。しかし英国内で容易に購入できるのは、わずか200銘柄くらいしかないそうだ。これはほとんどのスコッチ・ウイスキーが、国内よりも海外に輸出され愛飲されているためである。

　特にブレンド・ウイスキーは、英国内よりも海外の方が多くの銘柄が求めやすい。日本で有名な**バランタインズ** Ballantine's などは、免税店を除いて通常の英国内の酒販店では販売していない。つまり、これは海外市場向けの銘柄だからだ。

　このように、ほとんどのブレンド・ウイスキーは海外市場向けの銘柄が多いので、今回はモルト・ウイスキーについて述べてみよう。

　スコットランドを訪れている日本のお客さまから、
「せっかくウイスキーの本場に来たのだから、日本で買えないお薦めのウイスキーの銘柄はどれですか？」とよく尋ねられるが、これはそう簡単には答えられない。

　それは、ほとんどの銘柄は日本に輸入されているからだ。特に、日本の大手が輸入している銘柄はかなりの数量があるので、これらは日本の多くの酒販店や専門店で購入できる。

　しかし、大量に輸入されている銘柄でも、ボトルによっては極少量しか輸入されない場合が多い。

　だからお客さまにお薦めできるのは、**限定品のウイスキー**になる。この限定品だと、いくら大手でも世界中に輸出する数量は制限されていて、そのほとんどは配給制となることが多いからだ。

　例え日本へ輸出されていたとしても、それらのボトルは運の良いバーテンダーの方々か、ウイスキー専門の酒販店などとかなりコネのあるウイスキー収集家しか入手できない場合がほとんだ。

　その限定品をどうやって見分けるかだが、まず、ラベルを見てほしい。最近では、多くの限定品のラベルには、**リミティッド**

日本で買えないウイスキーはどれ？

Limited と記載してある。

　次に、確認しなければならないのが限定数である。大手のウイスキー会社の銘柄だと、たとえ限定品と記載していても、中には5000本以上びん詰めしている場合もあり、かなりの本数のウイスキーが日本市場にも出回ることが多い。その場合は、逆に日本国内で購入した方が安い場合もあるので注意が必要。

　これは英国の酒税と消費税が、日本に比べて非常に高いためだ。よく耳にするのが、ウイスキー1本の値段の約70％は税金だといわれている。私は過去に、ある銘柄の限定品を日本の酒販店で英国の価格の半値以下で購入して逆輸入した経験がある。いくらスコットランドがウイスキーの本場といわれていても、本場だから安く買えるわけではないことを購入する前に覚えていた方が良いと思う。

　ほとんどのウイスキーは、多くの樽を混ぜてびん詰めしてある。そこでほぼ間違いないのが、**シングル・カスク** *Single Cask*（1つの樽からびん詰めしたという意味）のボトルを見つけることだ。これだと樽の大きさや熟成年数によってびん詰めされた本数に多少違いがあるが、間違いなく日本には極少数しか輸入されていないか、全く輸入されていないからだ。

　他に近年多く目に付くのが、空港などの免税店用にびん詰めされた、**エクスクルゥシブリィ・ボトルドゥ** *Exclusively Bottled*（免税店だけにびん詰めしたという意味）とラベルに明記してあるか、またはラベルに明記していない場合は、陳列されてる棚にそう表示しているボトルだ。

　これはお分かりのように、免税店だけでしか購入できないし、また本数も限られている上に、多くのウイスキー会社は販売量が圧倒的に多い免税店のために、高品質、又は希少価値の高いウイスキーを提供する場合が多いからだ。しかし、かなり高めの高級ウイスキーの場合が多いのでお値段には注意してほしい。

　また、これに類似して、世界中のウイスキーを専門に扱っている酒販店のためにびん詰めされた限定ボトルだ。
　この場合は、ラベルにその酒販店名の名前が記載されていること

スコットランドこぼれ話

が多い。また、銘柄を変えて表記してある場合もある。それは、そのウイスキー会社が自社製品の銘柄を守るために、彼らの銘柄名を使用することをびん詰めする際の契約で禁止しているからだ。

通常このようなボトルは、**インディペンデント・ボトラー** *Independent Bottler* と呼ばれる会社が、ウイスキー会社から樽ごと買い上げてびん詰めしている。その多くの場合は、裏ラベルに蒸留所名が記載してあることが多いのでその銘柄が分かる。いくつかの例を除いて、ほとんどのシングル・モルトの銘柄名は、その蒸留所の名前と同じだからだ。

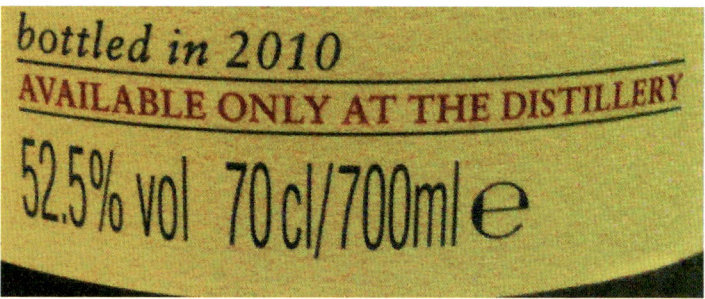

ウイスキーの島として有名なアイラ島 *Isle of Islay* の某蒸留所で販売していた蒸留所だけでの限定販売ボトルのラベル。このような限定ボトルになると、間違いなく日本では購入できないし、コレクター・アイテムとして人気がある。

最後に、最も間違いないのが蒸留所へ見学に行った場合、蒸留所だけで限定販売しているボトルを見つけることだ。この場合は、世界中の多くのウイスキー・コレクターも集めているので、間違いなく英国内でも、日本でも購入できない珍しいボトルになる。

今やほとんどの蒸留所では見学料金を取るが、その際に貰ったチケットに何々ポンド割引と記載してある。これは、蒸留所内の販売店で700ミリリットルのフル・ボトルのサイズを購入すれば、その金額を値引きしてくれる。

もし蒸留所を訪れて、この限定版があれば迷わずに購入されることをお薦めする。もちろん、これは皆さまのご予算が許しスーツケースに入ればの話であるが、ウイスキー好きの方へのお土産としては最も喜ばれるボトルだと思う。さあ、どれにしましょうか？

スコットランドこぼれ話

猫の公式職名がある？

ウイスキー・キャットまたは**ディスティラリー・キャット**という用語について、よくウイスキー好きのお客さまから質問される。これは、**ディスティラリー・マウサー** Distillery Mouser（蒸留所ねずみ捕り役）のことである。

蒸留所には穀物が多く保存使用されているので、どうしてもねずみが好んで住み着く場所となる。だから、当然ねずみの天敵である猫が、昔からスコットランドの蒸留所に雇われていた。ペットとして蒸留所にいたのではないので、飼われていたとは言い難い。残念なことに、聞いた話では、今では欧州連合の理不尽な衛生上の規則から、このねずみ捕り役の猫たちも蒸留所から姿を消している。

この蒸留所ねずみ捕り役の中で、歴史上輝く功績を残した猫がいた。その名は、**タウザー** Towser。スコットランドで最も古い蒸留所のひとつ、**グレンタレット** Glenturret 蒸留所で働いていた猫だ。

この猫の前代未聞の記録は、正式にギネス・ブックに堂々と記録されている。今でもこの彼女の記録はどの猫からも更新されておらず、今後もこの記録は打ち破られることはないだろうと思われる。

彼女は1963年4月21日に生まれ、1987年3月20日に亡くなるまでのほぼ24年間（斉藤式による人間の年齢に換算すると159歳になる）、猫としては信じられないほど長生きし、見事にねずみ捕り役を勤め上げた、**英雄猫**と言いたくなるほどの立派な猫だった。

その彼女の功績とは、まずねずみだけでも信じ難い2万8899匹、他に数え切れないほどの大ねずみと野うさぎ、その上、キジまで捕獲してきたと記録されている。小鳥ではなくキジまで捕ってきたとは、彼女がいかに**猫以上のハンターだった**かが分かるのではないだろうか。

この話をすると、日本からのお客さまから
「いったいどうやって、その数を確認できたんですか？」とよく尋ねられる。蒸留所によれば、彼女は捕ってきたねずみなどを褒めてもらいたかったので、必ず蒸留所の職人に見せていたそうだ。見せ

猫の公式職名がある？

られた職人も律儀に、毎回この数をチョークで壁に記録していた。タウザーと共に、この気の遠くなるような数字を記録し続けた職人さんにも何かの賞を与えたいほどだ。

彼女の没後、孫娘の**アンバー** Amber が後任者となったが、残念ながらタウザーのハンターとしての血筋は受け継がなかったようで、2004年に亡くなるまでねずみを1匹も捕らなかった。

今でも覚えているが、アンバーはいつも蒸留所内の売店の日当たりの良い窓際で気持ちよく寝ていた。人懐っこい猫で訪問者たちの人気者だったが、悲しいかな、タウザーのような鋭いハンターの目を持っていなかった。

アンバーの後任者は、彼女の娘**ネクター** Nectar だったが、どうも彼女も母親似だったようで、ねずみを捕ってきたという話は聞かなかった。

この蒸留所の現職のねずみ捕り役は、スコットランド猫保護施設からやってきたメス猫**ブルック** Brooke だが、なんと蒸留所内のキャット・フラップ（猫専用開閉口）も通れないほど丸々と太っており、この猫もねずみを捕ったとは聞いたことがない。

タウザーのこの輝かしい偉業は、この調子ではおそらくこの蒸留所に雇われている猫た

グレンタレット蒸留所のタウザーの堂々とした銅像。この蒸留所で人気の名物になっている。

スコットランドこぼれ話

ちによって破られることはないだろうと思われる。
　蒸留所には、このタウザーの見事な銅像が、売店の前に1997年に建立されているので、もし訪れることがあったら必ず見てほしい。正しく**伝説の猫**と呼んでいいほどの堂々とした素晴らしい銅像である。「タウザーは永遠に、乾杯！」と、つい言ってしまうほどだ。

　タウザーほどの功績は残していないが、どうしても忘れられない猫がいた。その名は**ディジー** Dizzy、目まいがするという意味だが、名前の由来が信じられない話なのだ。

　ディジーは1993年6月15日に**グレン・キース** Glen Keith 蒸留所に到着した。好きでやって来たわけではなく、なんとアメリカのケンタッキー、ルイズビルから、迷い込んだバーボン樽［たる］の中に入ったままカーゴに載せられ、人知れず4週間もの長い船旅で密入国してきたのだ。
　蒸留所で樽がトラックから降ろされた途端、長い間ウイスキー樽の中のアルコール臭をかぎ続けた上に極度の空腹から、ディジーは樽から千鳥足でよろよろとはいでてきたのだ。さぞかし驚いたのは作業員さんたちだったろうと思う。
　そして、ディジーは幸いにも蒸留所の心優しい職人さんたちに無事保護してもらった。その時のようすから、**目まいがする**という名前を職人さんたちから付けられたそうだが、故郷のアメリカでは何と呼ばれていたのか気になる。
　ディジーはその後、異国のスコットランドにも慣れ、もちろんグレン・キース蒸留所で立派にねずみ捕り役を務めた。そしてその蒸留所が閉鎖した後は、**ストラスアイラ** Strathisla 蒸留所でも短期間働いたが、老後は悠々と蒸留所の職人さんの家で過ごしたそうだ。

　他にも忘れられないのが、**ボウモア**蒸留所の**スモーキー**、**ハイランド・パーク**蒸留所の**バーレイ**、**バルヴェニー**蒸留所の**ジンジャー**、**ブルイックラディー**蒸留所の**マーマレード**、**グレンギリー**蒸留所の**ジェネラル**など、他にも多くの猫たちが活躍していた。
　蒸留所にいつも住み着きたいと願っている私にとって、これらの猫たちは全くうらやましい人生を送ったといえる。合掌。

AKIKO ELLIOT 彰子・エリオット

　1990年公認ガイド資格取得。東京都出身。在英25年。通訳、ツアーオペレーターを経て現在はガイド業の傍ら、地元の小学校でアシスタントとしても働いている。

　本物のヒースの荒野が見たくて渡英したが、『嵐が丘』ならぬスコットランドに魅入られ、いまだに感動を新たにする日々である。

　ツアーはスコットランドのみならず、英国各地を案内しているが、日本のお客様にぜひ見ていただきたいのは、スカイ島の茜色の夕映えと、ハイランドのヒースに染めあげられた紫色の丘。悠然とした自然と、ロマンティックな歴史が織りなす癒しの風景である。

akikoelliot@aol.com

スコットランドこぼれ話

みんなが泣いた『ブレイブハート』

『ブレイブハート Braveheart』は、1993年に公開された歴史映画である。

ハリウッドの売れっ子、メル・ギブソンが主演、プロデュース。スコットランド以外の国では、あまり関心を持たれていない歴史上の人物、ウィリアム・ウォレス William Wallace を主人公にして、大当たりした娯楽作である。アカデミー賞５部門受賞、そのうちの一つは、最優秀作品賞という快挙をとげた。

日本でも公開されたが、メル・ギブソンだから観た、普通に歴史ものとして面白かった、という感想が一般的だったようだ。

だが、ここ地元スコッランドでは、映画の封切り前から、大きな反響で盛り上がっていた。なぜならば、作品のヒーローであるウィリアム・ウォレスは、スコットランド人なら誰でも知っている国民的英雄、

「スコットランドの守護者」

といわれた独立戦争の志士だったからである。

今でこそスコットランドは英国の一部だが、かつては、れっきとした独立王国だった。

だが、その長い、血生臭い歴史の中では、イングランドの配下にくだるという屈辱的な時代もあったのだ。

スターリング城にそびえるブルース国王の銅像。遠景に見える塔がウォレスの記念碑。それぞれ独立への苦しい道のりを戦い、勝ち取った。

写真提供：スコットランド政府観光局
VisitScotland/ScottishViewpoint

みんなが泣いた『ブレイブハート』

ストーリーを説明しよう。

時は13世紀末。まだまだスコットランドの政情が不安定で、揺れ動いていた時代である。強国イングランドによる傀儡[かいらい]政権下、スコットランドは自由を奪われ、人々は抑圧された生活に甘んじていた。

この時代のスコットランドの歴史は、かなりややこしいのだが、要はスコットランドとイングランドの軋轢[あつれき]の話である。二つの国の関係を、学校のイジメに置き換えて、想像してみてほしい。

負けてばかりで、くやしい！

強くて大きいイジメっ子のイングランドに、スコットランドは、いつも負けていた。給食代も盗まれた。教科書も破かれた。子分になれと言われて、子分になってみたけど、イジメは止まらない。それどころか、どんどん酷くなる。

お母さんは、ガマンしろというけど、限度がある。

ある日、とうとう堪忍袋の緒が切れて、イングランドをぶん殴ってやったら、クラスのみんなが応援してくれて、イジメがなくなったという話である。

その我慢が切れて、ついに立ち上がったヒーローが、メル・ギブソン演じるウィリアム・ウォレスというわけである。

ウォレスは、スコットランドの自由と尊厳を自分たちの手に取り戻すべく、集まってきた同士たちとイングランドに戦いを挑んだ。

最初はウォレスをただのゲリラと侮っていたイングランドも、ウォレスが次々と勝利を収めると、本腰を入れて立ち向かってくる。やがて本格的に火ぶたを切った独立運動は、全土に広がり、1314年には、「天下分け目のバノックバーンの戦い」と呼ばれる、歴史の分かれ目の戦争で、勝利を収めるのである。

スコットランドはブルース国王のもと、再び、自由と独立を取り戻したが、惜しくもウォレスは、最後の勝利の前に捕らえられ処刑されてしまう。だが、その死後もウォレスとブルース国王の独立戦争談は受け継がれた。この話は日本に例えるなら『忠臣蔵』のように、誰でも知っている、ポピュラーな歴史なのだ。

スコットランドこぼれ話

ハリウッド版ウォレスの戦い

　もっとも映画は史実をかなり自由に脚色しているが、そこは、娯楽作の特権だろう。圧巻は、なんといっても、ウォレス率いる独立軍と、イングランド軍との戦闘場面だ。ゲリラ戦法で戦ってきた独立軍が、初めて歩兵隊、騎馬隊の連なる正規軍と真正面から対決するシーンである。

　タータンチェックのキルトを身に着け、顔は猛々しい戦闘用の青いペイントで染めたウォレス。

　その後ろには、思い思いの武器を構えたハイランダーの戦士たちが、今、まさしく始まろうという合戦を前に不安を隠しきれない面持ちで、立っている。兵士の数も装備も、イングランド軍の方が、はるかに勝っているのだ。

　仲間の揺らぎを感じ取ったウォレスは、おもむろに馬を味方の前に走らせ、戦って死ぬのが怖いか、と質問する。

　「惨めに打ちのめされたまま、生きながらえていたいのか？　それで後悔しないのか？　たとえ命を失っても、俺は絶対、自由だけは失わない！　俺達の自由は誰のものでもない、俺達のものだ！」

　叱咤激励[しったげきれい]をとばしつつ、ウォレスは高々と剣を振り上げ、闘いの雄たけびを挙げるのだ、

　「フリーダーム」と……。

戦いすんで、日が暮れて

　映画はエンディング・タイトルが流れているが、誰も席を立つ気配が無い。

　いや、そればかりか、あちこちで鼻をすする音が聞こえてくる。

　観客がみんな、泣いているのだ。大の大人が、タフなスコッティシュの男どもが、恥も外聞もなく泣いている。何百年も前の一人の男の生きざまに感動して、映画館の席から動かないのである。終わりに拍手して、ああ面白かったではなく、本気でのめりこんでしまっているのだ。

　これは公開当時のスコットランド中で実際に起きた現象で、ブームというより、ちょっとした社会現象を引き起こしたものだ。

　今日、スターリング市の街はずれ、丘の上に建てられた塔、ウォレス・モニュメントには、在りし日の英雄をしのんで訪れる人が後

みんなが泣いた『ブレイブハート』

を絶たない。19世紀に建立された67メートルの塔の頂上からは、かつての古戦場が、明るい緑の草原を見せて広がっている。塔の部屋に収められたウォレスの剣は沈黙しているが、スコットランド人の心には、ウォレスはいまだ健在である。

『ブレイブハート』は、それほどスコットランド人のハートに響く作品なのだ。興味がある方は、ぜひ、DVDで、お試しあれ。

ちなみにエディンバラの城下町には、いまだに顔には青いペイント、キルトを着て『ブレイブハート』の格好をしたウォレスもどきが出没していて、観光客相手に「フリーダム！」と叫んでいる。

黄昏に望むウォレス・モニュメント。過去の戦いに思いを寄せて石造りの塔はひっそりとたたずんでいる。

写真提供：スコットランド政府観光局 *VisitScotland/ScottishViewpoint*

スコットランドこぼれ話

スコットランドのおかゆ、ポリッジはいかが？

朝ごはんの定番、熱々のポリッジ。スコットランドのスターバックス店ではコーヒーと一緒にポリッジも販売している。

　ポリッジ porridge とは、麦で作られるおかゆの一種である。
　主に朝食のメニューとして登場するが、オーツ麦（カラス麦）に水か牛乳を加えて、とろとろに柔らかくなるまで煮込んだ食べ物のことである。
　寒いスコットランドの冬の朝、熱々のポリッジをよそったボールで手を温めながら、ふうふう言って食べるのは、なかなか風情があるものだ。舌を火傷しない様に注意しながら、薄い塩味の付いたポリッジに冷たいミルクかクリームを少しかける。
　地元の人は、そのまま何も加えず食べることが多いが、好みでハチミツやジャムをのせてもおいしい。
　煮込んだ果物をトッピングにすればおしゃれだし、バランスも良くなる。私は、黒すぐりやスモモのジャムをそえて食べるのが好き

スコットランドのおかゆ、ポリッジはいかが？

だ。

　アメリカ人は同じものをオートミールと呼んで、メープル・シロップをかけて食べるのが、好きだ。

　これに黒く見えるくらい濃くいれたミルクティー、こんがりと焼いた薄切りトーストにマーマーレードを添えれば、立派な朝ごはんの出来上がりである。

　え？　ベーコン・エッグはつかないのかって？　残念ながら、つきません。スコットランドの人がフライ・アップと呼ぶ、卵や、ベーコン、ソーセージ、焼きポテトやマッシュルームがつく大量の朝ごはんは過去の習慣に変わっており、一般家庭では、もっぱら日曜日のブランチとして供されている。

　忙しい現代人は、朝ごはんにかける時間も惜しいのだ。ポリッジも鍋でことこと煮込むのではなく、電子レンジでチンして作るご時世である。

主食はポリッジ

　だが、この朝ごはんの定番ポリッジが、スコットランドの庶民の3度の食事だった時代もあった。主食だったのだ。

　今でこそスコットランドの豊富な食材は世界的に高く評価され、海老やカキ、キノコや果実が早朝の飛行機でロンドンやパリの高級レストランに運ばれているが、200年、300年前のスコットランドは本当に貧しかった。

　土地はやせていたし、気候は厳しい。過酷な風土でも育つオーツ麦こそが、庶民の唯一の頼りだったのだ。もちろん、パンも焼いたし、魚や肉もたまには出てきただろう。だが、貧しければ貧しいほど毎日の食事の、お腹を満たす割合がポリッジで占められていたのである。

　深いお釜で、日がな一日煮込まれたポリッジは朝食であり、夕食だった。主食であるから甘くしたりはしない。というか、そもそも砂糖は高級品である。薄い塩味で食べるのである。

　残り物も、もちろん無駄にはしない。食事の後、鍋に残ったポリッジはどうするか？　よく冷ましてから、なんと台所の引き出しに直接、流し込んで保存していたのだ！　そしてカチカチに固くなったものをナイフで切りだして、お弁当にした。ちょうど、乾パ

スコットランドこぼれ話

ンのようなものが出来るので、それをかじって食べたという訳だ。
　味は、ウーン、ご想像にお任せします。

物語にも登場
　英国文学の中でも、ポリッジの描写がよく現れる。
　バーネットの『秘密の花園』やブロンテの『ジェーン・エア』。スコットランドではないが、どちらも北部イングランドが舞台だから、食生活は似ている。『ジェーン・エア』のポリッジは、おかゆが焦げて、不味くて食べられない。
　『秘密の花園』の主人公メアリは、わがままで神経質な少女で、最初は朝食に運ばれたポリッジに見向きもしないが、花園を見つけた後は、クリームとお砂糖を並々とかけたポリッジを旺盛な食欲でたいらげて、周りを驚かせる。イングランドのお金持ちのお屋敷の設定だから、ここではポリッジは純粋に朝ごはんである。

　これに反して、スコットランドの作者、ロバート・ルイス・スティーヴンソンの冒険小説『誘拐されて Kidnapped』になると、れっきとした主食に変わる。
　主人公のデービット少年がエディンバラの郊外の叔父を訪ねるというくだりがあるが、そこでは、テーブルの上にポリッジの鉢がぽつんと置かれている。時刻は夕食時。ひとくせ有りそうな叔父は食事は済んだかと甥に問い、まだだと聞くと、自分のポリッジの鉢をデービット少年の前にスプーンごと押しやる……。新たによそってくれるのでもない、食べかけのおかゆである。
　翌日もまたポリッジの夕食だ。クリームも何もない。ただの塩味の、ごはん代わりのポリッジなのである。このケチな叔父さんのおかげで、デービット少年は危険な冒険に巻き込まれてゆくのだが、小説のみならず、今でもスコットランドのポリッジの正式な食べ方（？）は、塩味だけで何も甘みをかけない、と主張する人が多い。

　もちろん甘いほうが美味しいには違いないが、薄い塩味というのも、それはそれで結構である。特に日本人なら、ああ、ここに梅干しの一つか、タクアン一切れでもあれば、さぞや、という味だ。

スコットランドのおかゆ、ポリッジはいかが?

健康食ブームで人気上昇中

　ポリッジは、最近では健康食として人気が出ている。おなじ穀物の中でもオーツ麦はとびぬけて、たんぱく質と繊維質が高く、また腹持ちがいいからだ。時代を超えて受け継がれる、郷土の味というわけだ。最後にポリッジについての有名な小ばなしを引用しよう。

　英語辞典を編集した18世紀のインテリ、ジョンソン博士が自分の辞書の中でオーツ麦をこう定義した。

　「イングランドでは馬のエサにする穀物だが、スコットランドでは人間が食用として用いる」

　これを受けて、博士の弟子でスコットランド人のボスウェル氏、

　「故にイングランドでは優秀な馬が生まれ、スコットランドでは優れた人間が育つのである」

　お見事、ボスウェルに座布団一枚!

ポリッジの材料は乾燥したオーツ麦と水。味付けは、一つまみの塩だけである。

スコットランドこぼれ話

羊が一匹、羊が二匹……

　はるばる日本からスコットランドに駐在家族としてやってきた、Ａ子さん。
見るもの聞くものすべてが珍しい。
せっかく外国にいるのだからと、家族で、休みの日はせっせと、あちこちを見て回ることにした。
　季節は春。
　新緑が美しい。シラカバの林も、黄色いエニシダも、まぶしいくらいに色が鮮やかだ。そして、牧場には可愛い羊の群れ！　牛や馬なら、もちろん日本で見たことがあるが、本物の羊にお目にかかるのは初めてだ。
　真っ白のやら、手足の黒いのやら、顔の黒い羊もいる。
　田舎にドライブに行くたびに、羊に歓声を上げていたが、もっと可愛いのを見つけた。
　子羊である。
　フワフワして、小さくて、雪のように白くて、ものすごく愛らしい。童謡の『メリーさんの羊』の挿絵のようだ。お母さんヒツジの側で、はしゃぎまわっている。よくみると、だいたいお母さんに子羊２匹がセットになっているようだ。ピョンピョンと跳ねている。子羊は、本当に文字通りピョンピョンと跳ねるものだと、都会育ちのＡ子さん家族は、大いに感動した。

　すっかりスコットランドの自然に心酔したＡ子さんは、子供にせがまれるまま、ファーム・パークも訪ねてみた。実際の農場が一部を開放して、家畜の世話を体験させてくれるところだ。
　フワフワした子羊を抱っこさせてもらって、哺乳ビンでお乳を飲ませた。黒いウルウルした瞳で見上げられると、胸がキュンとなった。子供も大喜びだ。家に連れて帰りたいというのを、羊はペットではないからと諭した。

羊が一匹、羊が二匹……

お母さんと一緒。牧場でのんびりと遊ぶ子羊たち。

　子供に言い聞かせながら、ふとＡ子さんの胸にモヤモヤしたものがよぎった。牧畜家の人が説明をしていた羊の話を思い出したからだ。訛りが強くて全部の英語がわかった訳ではないが、「マーケット」という言葉がしきりに出てきたっけ。あれはどういう意味なのだろう。

スプリング・ラムって何？
　それからしばらく経ったある日のことだ。近所の肉屋の前を通ると、大きな広告がウィンドウに貼ってあった。
「今年の子羊 spring lamb、入荷しました」
Ａ子さんは頭がクラクラしてきた。あんな可愛い子羊をこの国の人たちは食べるのか！？　いや、ビーフだって、ポークだって同じだけど、でも子羊は可愛すぎる……。
　むかし、音楽の時間に習った『ドナ・ドナ・ドナ』のメロディーが頭の中をグルグルする。可哀そうな子牛、いや子羊が売られていくなんて……だめだ、受け付けられない、せめて私達だけでも絶対、あの可愛い羊を食べるものか……。

スコットランドこぼれ話

　三年後の春。
　Ａ子さん一家の、今夜の夕食はロースト・ラムだ。
　あんなに抵抗したのに、郷に入れば、郷に従えだよと諭されて、試食したロースト・ラム。うん、臭みもないし、柔らかい。
「ジューシーなお肉だね」と、意外にも家族がはまってしまい、いまでは子供の大好物になってしまった。
　あんなに可愛いと喜んでいたのが、すっかり、「羊は美味しいもの」に変わってしまった。つけあわせは、もちろん山盛りのフライドポテト。ポテトにはビネガーをタップリかけて食べる。
　すっかりスコットランドに順応してしまった家族に、これでいいのかと、一抹の不安を感じるＡ子さんなのであった。

スコットランドのお肉屋さんでは羊やウサギ、野鳥も売っている。

スコットランドこぼれ話

ロイヤル・ロマンスの町セント・アンドリュース

　セント・アンドリュース St Andrews は、スコットランドの東海岸沿いにある閑静な町である。
　ゴルフの殿堂であり、世界に冠たる「オールド・コース」の所在地だが、全英オープンが開催されるときを除けば、ふだんは町の中心にあるセント・アンドリュース大学の学生たちが闊歩［かっぽ］する、古めかしい大学の町だ。公共の交通手段はバスしかないという、いささかローカルな土地でもある。

　だが、この静かな町が、最近は別の興味で脚光を浴びている。
　ロイヤル・ロマンスの町などと、マスコミに騒がれているのだ。そう実は、ウィリアム王子とキャサリン妃の、なれ初めの地が、ここセント・アンドリュース大学なのである。

　セント・アンドリュース大学は、1412年に創立された、スコットランドで一番古い大学である。
　オックスフォードやケンブリッジと肩を並べる名門校であり、由緒ある学問の都であるが、ゴルフの知名度の方が大きすぎて、実はこの町が、キリスト教の聖人にささげられたものであることは、案外、知られていない。

ゴルフの殿堂オールド・コース。有名な18番ホールの石橋から街を望む。街の人はコースの中に普通に入って、散歩したりしている。ただしボールに当たって怪我をしても、誰も責任を取ってはくれない。ご自分の責任と判断でどうぞということだ。

写真提供：スコットランド政府観光局　*VisitScotland/ScottishViewpoint*

ロイヤル・ロマンスの町セント・アンドリュース

　その名前が示す通り、セント・アンドリュースはキリストの12使徒の一人、聖アンドリュー（聖アンドレ）を祭る町なのだ。

　聖アンドリューはスコットランドの守護聖人である。
　言い伝えでは、悲壮な殉教を遂げた聖人の遺骨を、敬けんな信者たちが敵の手から安全な場所に移動させる途中、嵐に会い難破した。だが誰ひとり命を失うことなく、遺骨ともども、無事に小さな漁村の浜辺に打ち上げられたという。人々は聖人の奇跡だと感謝して、その土地に聖堂を作り、遺骨を祭り、聖人の名を町につけた。
　それが現在のセント・アンドリュースの始まりである。
　大僧院の司教が絶大な権力を持つ時代、セント・アンドリュースは宗教の中心地として、きらびやかに繁栄した。巡礼者もたくさん訪れたという。だが16世紀の宗教改革の後は、その勢いを失い、町が再び、栄華を取り戻すのは、ゴルフが盛んになってからである。

学生王子の恋
　ウィリアム王子は、そんな歴史のあるセント・アンドリュース大学を選び、大聖堂の廃墟[はいきょ]がそびえる海辺の町で、4年間の学生生活を過ごした。
　ウィリアム王子は皇位継承順位第2位、チャールス皇太子と今は亡きダイアナ妃の長男である。ダイアナ妃によく似たハンサムな王子は、人気も高く、大学進学のころは、イギリスのティーンエージャーからアイドル視されていた程である。
　その王子がスコットランドに来るというので、当時セント・アンドリュース大学には国内外から願書が殺到したという。
　入学してからも、当初は身辺の警備について、いろいろ騒がれたり、ウィリアムがパブに現れると、他の学生が携帯で素早く連絡を取り合って王子を取り巻く、なんて言うミーハー的なこともあったが、一年もたつとだんだん周りも落ち着いてきた。
　ようやくマスコミの目を逃れて、自由に学生生活を満喫するチャンスが巡ってきたのである。そして、それは若い王子の恋の始まりでもあった。

スコットランドこぼれ話

昔ながらのシンプルな石造りの建物が立ち並ぶセント・アンドリュースの街角。一見、普通の住宅に見える建物も、実は大学の校舎や寮である。
写真撮影提供：ヒュー・ショウ、フォトリア　*St Andrews©Hugh Shaw/Fotolia*

ロイヤル・ロマンスの町セント・アンドリュース

　キャサリン妃とのロマンスが本格的に花開いたのは、ウィリアム王子が学生寮を出て、低い石造りの家が行儀よく並ぶ閑静な通りに家を借りた頃である。

　キャサリン妃を含む数人の友人たちと始めた自炊生活は、何不自由のない宮殿生活とは、雲泥の、ごく当たり前の学生の暮らしだったという。もちろん護衛は付いているが、ロンドンとは比べものにならない自由を、ウィリアム王子はセント・アンドリュースで手にしたのだ。

　セント・アンドリュース大学は、歴史が古いだけに独特の行事がたくさんある。新入生が、これから一年間お世話になる先輩に干しぶどうをプレゼントする、「レーズンの儀式」だの、大学の広場で泡のスプレーをまき散らして騒ぐ、無礼講のお祭り。大聖堂の裏側から伸びている海辺の突壁は、かつては、赤いローブを潮風にひるがえし、活発な議論を交わす大学生の姿が後を絶たなかった。もっともいまでは、そうした議論はパブでビールを飲みながら交わされるそうだが。

　そればかりではない、いたずらっ気のある学生たちは、真夜中の城跡や、大聖堂の墓場で、飲み会を開き、へべれけになるまで酔っぱらったことを、自慢しあうのだ。

　そうした行事や集まりにウィリアム王子は、気さくに参加していたという。さすがに深夜の墓場で飲み明かすのは控えていたようだが、パブに現れても、もう誰も騒がなくなった。

　それどころか、地元のスーパーでウィリアム王子が買い物かごをぶら下げて、トマトを選んでいるなどという光景が、ごく自然に受け入れられるようになったのである。

　ウィリアム王子は、よく親しい仲間を呼んで、キャサリン妃とディナーパーティーを開いていたという。また、大学のダンスパーティにもキャサリン妃をエスコートした。学友の間では、二人のロマンスは公然の秘密だったのだ。

　一緒にスキーに行ったのがきっかけで、マスコミにキャサリン妃の存在が公表されたのだが、出会ってから10年、結婚に結びつくまでは、決して易しい道のりではなかった。だが、小さな海辺の町でまかれた恋の種は、しっかりと根を下ろし、美しい実を結んだといえよう。

スコットランドこぼれ話

芯[しん]まで凍える、皇太后のお城 グラームス城

2月のある晴れた日、私はエディンバラから北に向かう高速道路で車を走らせていた。

まだ気候は寒いが、凛[りん]とした空気の中には、柔らかい早春の土臭さが混じっている。裸木の下には黒土を押し上げて、スノードロップの白い花が群生していた。冬の終わりがもう遠くないことを感じさせる、明るい日であった。久しぶりの太陽にうきうきして、私はさらに車のスピードを上げた。

行く先はグラームス城 Glamis Castle。

エリザベス皇太后のご実家として知られる優美なお城である。

黄水仙が美しいグラームス城の全景。塔を中心にお城が広がっている。

写真提供：スコットランド政府観光局　*VisitScotland/Scottish Viewpoint*

芯[しん]まで凍える、皇太后のお城グラームス城

　エリザベス皇太后は、ストラスモア伯爵家の末娘として1900年に生まれた（2002年没）。幼少時代をグラームス城で過ごし、1923年にヨーク公爵、アルバート王子と結婚。夫がジョージ6世としてイギリス国王に即位した後は、王妃として君臨した。現エリザベス2世女王の母君であり、亡くなるまで「クイーン・マザー」の愛称で国民に広く親しまれた女性である。

　特にスコットランドでは、地元のお姫様という身びいき（？）も手伝って、大きな人気があった。皇太后自身も、スコットランドを愛し、家族でたびたびグラームス城を訪れ、滞在していた。今でもお城には、幼いエリザベス女王が使った子供サイズの椅子が展示されている。次女の故マーガレット王女は、このお城で誕生した。

　だが、ロイヤル・コネクションを抜きにしても、ここは、見どころ、逸話の多い優美なお城である。内部の家具調度も素晴らしい。

　観光ガイドとしてスコットランドの中で様々なお城を訪れたが、グラームス城は、個人的にベスト・スリーに入るお城だ。だが今日はお客様とのツアーではない。お城からのご招待、といえば聞こえはいいが、来シーズンに備えての宣伝イベントに行くのである。

シーズンオフのお城は寒かった！

　グラームス城の厳めしい城門をくぐると、道路はすぐ、威風堂々たる並木道のアプローチにつながる。突き当りには薄い朱色の石塔が、旗が翻る高い尖塔を中心にそびえたっている。徐々に近づくにつれて、その四角い塔をいただいて広がるグラームス城の全貌が視界に入ってくるのだ。

　砂利道の車回しから駐車場に入って、お城の玄関に向かう。
夏の間は、領地で生産されたジャムや、ミネラルウォーター、ビスケットの売り場が出たり、展示が行われたりと、にぎやかな一画だが、今はひっそりと静まり返っている。お城は今でもストラスモア伯爵御一家が住んでいるのだが、まるで人の気配がしない。

　静まり返ったお城の中で、真っ先に感じるのは、ひんやりとした空気である。普通の住宅の2倍も3倍もある高い漆喰[しっくい]細工の天井。暗灰色の石の壁、暗灰色の石の床。重たいカーテンで隠された細長い窓。薄暗いらせん階段は、そのまま16世紀の世界に迷い

スコットランドこぼれ話

込みそうである。グラームス城は、その歴史を500年以上前にたどることができる。何世紀にも渡って、建物の増築、改装がおこなわれたが、お城の古い部分は16世紀、17世紀のままなのだ。

今日集まりがあるのは18世紀のダイニング・ルーム。パネル張りの壁にはずらりと伯爵家の代々の肖像画がかけられ、ぜいたくな調度品が並ぶ豪華な部屋だ。

絵画も家具も飛び抜けてサイズが大きいので、最初は部屋の大きさが実感として伝わらない。だが伯爵家の正式な晩さん会も行われる部屋なので、片側に連なる窓一つ見ても、2メートルくらいの高さがある。どっしりとしたカーテン、よく磨きこまれた銀製品や彫刻の数々。部屋の中央には、大理石の暖炉がある。暖炉といっても、その中に大人が立てるくらいの高さと幅があるものだ。

ふと気が付くと、集まった人達が、さりげなく、その巨大な暖炉に向けて移動し始めた。誰もが、お城の説明をそっちのけにして、太いマキが勢いよく燃える暖炉の側を陣取ろうとしているのだ。

とにかく寒くてたまらない。石の床から冷気がしんしんと足にしみこんできて、室内なのに、じっと立っていると足の指がかじかんできそうである。骨の髄まで凍える寒さなのだ。さっきコートやマフラーを預けなければよかったと、本気で後悔した。

今でも幽霊がでる？　冷たい石のベンチ

申し訳程度にスチーム暖房が通っているが、広々とした部屋を暖めるには程遠い。窓からはすきま風が入るし、どこもかしこも石だから、簡単には温まらない。暖炉のすぐ近くまで寄って、やっと暖かさを感じるのだが、ガスや電気ではない、直の炎だから、あまり近づくと、こんどは火の粉が服に飛んだり、火傷をしそうである。

いくら素晴らしい調度でも、こんなに寒いのでは、お城に住むのも考え物だ、セントラルヒーターのある庶民の家の方がいいねと、誰かが冗談を飛ばすと、お城の人は、すまなさそうな顔を見せた。

「実はこの部屋は冬の間は使っていないんです。伯爵御一家は、別の棟にお住まいですからね。そちらは、ちゃんと近代的な暖房も完備しています。でも3百年前のお城は、もっともっと寒かったんですよ。冗談ではなく凍え死にするくらいね」

芯[しん]まで凍える、皇太后のお城グラームス城

　この言葉に、私はグラームス城の幽霊の話を思い出した。
　悪魔や亡霊、魔女とグラームスにはお化け話の伝説が多いが、いちばん哀れを誘うのは、凍死した少年お小姓の話である。
　「クィーン・マザーの寝室」として知られる部屋の扉の外には、石の壁に作り付けられた、むきだしの石のベンチがある。
　小姓はご主人様からお呼びがかかるまで、そこに座って待機するのが習わしだった。一日の用が終わると、ご主人から「退がって良し」の命令が下り、自分の部屋に寝に戻れるのだ。
　ある冬の晩、いつまでたってもご主人から声がかからない。
　御主人はさっさと眠ってしまって、小姓のことなど忘れたに違いないのだが、勝手に退がるわけにはいかない。誰か来れば、たずねることもできただろうが、深夜の事、広いお城には人気もない。
　小姓といっても、まだ10歳くらいの子供である。勝手に動いて叱られるのが怖く、じっと石のベンチに座り続けたまま、朝が来たときには凍死していたというのだ。
　この主人に忘れられた哀れな小姓の幽霊は、今でもベンチで座り続けており、側を通ると、そこだけひんやり、空気が冷たいという。
　私はそれまで、お話として、この小姓のことを観光客に紹介してきたが、冬のお城の寒さに震え上がって以来、案外、本当の悲劇だったかもしれないなと、思うようになった。

『王のスピーチ』の主人公

　グラームス城は、最近、ジョージ6世のどもりをテーマにした映画『王のスピーチ』が、大ヒットして、また関心を呼んでいる。
　映画の舞台はほとんどロンドンだが、ちらりとグラームス城も出てくるし、なんといっても国王夫妻ゆかりの地である。
　国王のジョージ6世役を演じたのはBBCのヒットドラマ『高慢と偏見』でも、おなじみの二枚目俳優、コリン・ファース。この作品で、アカデミー主演男優賞も受賞した。
　クィーン・マザー役は、『眺めのいい部屋』で知られる演技派女優ヘレナ・ボナム・カーターだ。エリザベス女王はこの映画を観た後で、わざわざヘレナ・ボナム・カーターに、「とても良い演じ方でした。どうも有り難う」とメッセージを送ったそうである。

スコットランドこぼれ話

マクベスの城、コーダー城の秘密

　コーダー城 Cawdor Castle は、ハイランドの北に在る、堅固な館である。エディンバラから国道9号線を、北に200キロほど上がるとハイランド地方の首都インヴァネスにたどり着くが、そこからさらに北東へと細長い田舎道をたどると、のどかな牧場の奥に隠れるようにして、ひっそりとたたずむ石造りの建物が現われてくる。

　ハイランド観光には、必ずと言ってよいほど行程に組み込まれるお城で、人気も高いところだが、そこにたどり着くまでの道は驚くほど、ひっそりとしている。荒涼とした古戦場を通り過ぎ、シラカバの林の中を抜けて、ちょろちょろと流れる谷川のそばを渡り進むと、その静かな空気に、何か時間をさかのぼるような錯覚さえ覚える一帯なのである。

　しかも、大きな堀や城壁があるわけではないので、どこにお城があるのだろうと田舎道をうろうろしていると、こつ然と、黒々としたスコッチ松の森の中にそびえたつ石の塔が見えてくるのだ。

　厳めしい塔の上には、黒と黄色の城旗がはためいている。コーダー家の紋章だ。

由緒ある伯爵家の家系

　コーダー家の歴史は古く、13世紀までさかのぼることができる。
　スコットランドの名門貴族であり、伯爵家である。現在でも家族がお城に住んでいるが、夏の間はお城の一部を一般公開している。見どころはたくさんあるが、家宝の「14世紀の木」が鎮座する地下牢、塔の中にある「黄色の居間」などは、特筆に価する。どの部屋もそれぞれ興味深いが、アンティークの家具に交じって電話やテレビが置いてあるのは、生活感があっておもしろい。

　とかく由緒のあるお城には、いろいろな秘密がつきものだが、このコーダー城も例外ではない。なにしろ、ここは『マクベス』の城として、知られているのである。
　そう、あのシェークスピアの三大悲劇の一つ、『マクベス』である。芝居は有名だが、マクベスがスコットランドの実在の人物で、

マクベスの城、コーダー城の秘密

王様でもあったことは、あまり知られていない。結構がんばって、短い間ながらスコットランドを治めていたのだ。芝居では悪役だが実際はなかなかの名君であったともいう。

ハイランドの首都インヴァネスをネス川から望む。かつてはハイランドを治める王が君臨していたが、コーダーを始め、強力な部族クランとの争いが絶えなかった。
写真提供：スコットランド政府観光局 *VisitScotland/Scottish Viewpoint*

コーダー城はそのマクベスがダンカン王を暗殺した舞台だといわれているのだが、残念ながら、歴史上のマクベスは11世紀の人物。コーダー城が建てられたのは14世紀と、だいぶ時代がずれてしまっている。

が、史実はさておき、なんたってシェークスピアである。

これはもう、すごいネームバリューだ。同じハイランドでも、ネス湖の怪獣はいるのかいないのか怪しいが、こっちの方は、天下のシェークスピアの芝居の中で、

「コーダーの城主、マクベス万歳」

と、魔女が呼びかけているのである。そして魔女はマクベスに、お前はスコットランド国王になるであろう、と予言するのだ。悲劇の始まりである。

スコットランドこぼれ話

　こうなると、観光客だって、スコットランドの伯爵のコーダーさん、と説明されるより、『マクベス』ゆかりのお城ですと言われた方が、関心の度合いが違ってくる。
　蜷川幸雄の演出で観ましたという人から、映画ならという人が出てくる。ついでに、ワタシ、昔、演劇部でマクベス夫人を演りましたなんて人も出てきて、石造りの廊下でその気になってセリフをしゃべりだす……のは、まあ無いとしても、そのくらい、話がつながるのが早いということなのである。
　もちろん日本人だけではない、世界各国の観光客が訪れている。
　そしてみんな、低い天井に頭をぶつけそうになりながら、塔の中を巡り、らせん階段を上り下りしながら、ああ、ここがコーダーの城なのかと遠い歴史に思いを馳せるのである。
　壁にはずらりと猛々しい剣がかけられている。定めし血なまぐさい、おどろおどろしい過去の秘密がひめられているのか……。

コーダー城で飲むコーヒー

　いや、コーダー城には、もっと別の秘密があるのである。それは何か？　実はコーヒーのＣＭである。
　そう、日本人のあなたなら覚えているでしょう、某コーヒー会社のＣＭを！　放映されていたのは、かなり前だが、今でもネットなら見ることができる。
　「マクベスの家系を継ぐ、コーダー伯爵が勧める何とか、プレジデント……。くつろぎのひととき、このコーヒーは最高の友となる」
　なんてナレーションが入って、執事がそそぐコーヒーを、伯爵夫妻が、お城の１階のダイニングルームでお飲みになっているのである。最後は、伯爵が優雅なコーヒーカップを片手に、満足げにうなずいて微笑むというオチのＣＭである。
　短いながらもお城の入り口から、銃剣を飾った階段、自慢のタペストリーと、しっかり内部の様子を紹介していて、大いに観光宣伝を意識しているのだが、当時、この北のお城まで訪れた日本人は、あまり多くなかったはずである。
　もうテレビではとっくに流れていないが、このＣＭのおかげでお城のカフェが改装できたそうだ。石畳の中庭の奥にあるカフェは、

マクベスの城、コーダー城の秘密

自家製のスコーンとケーキが呼び物で、コーヒーも美味しい。

当時、伯爵夫人が気さくに、お城のギフトショップや入り口で、観光客を迎えていたこともあったが、いまだに地元民は、伯爵の外貨稼ぎのことをよく知らないのだという。別にCMに出るくらい、かまわないだろうと思うのだが、後継ぎの息子が嫌がったために、おおっぴらにはしていないのだそうだ。

CMに登場していた伯爵夫人は実は後妻で、なさぬ仲の後継ぎ息子とは、折り合いがよくなかった。よけいな面倒を避けるためには沈黙が最良の武器というわけか。

シェークスピアが題材に取り上げるお家柄だけあって、相変わらず、人間臭いドラマが続いていたのである。

時は流れ、コーダー家は代替わりした。

CMでおなじみの伯爵は、もういない。タイムズ紙の訃報は「英国貴族の最後の華の世代、優雅なる紳士」と結ばれていた。先祖代々の城を守り抜くために、未知の分野に挑戦したコーダー伯爵の秘密は、どうやら墓の中に持っていかれたようだ。

コーダー城近くの古い石橋。ハイランドの冬は厳しい。暗く、寒い冬の間、お城を維持していくのは、どこの貴族も頭を痛めている問題だ。
写真提供：スコットランド政府観光局
VisitScotland/Scottish Viewpoint

スコットランドこぼれ話

ハリー・ポッターの列車、ホグワーツ特急

　全世界に、魔法使いブームを引き起こしたハリー・ポッターも、ついにシリーズの最終回を迎えた。
　第一作の出版が1997年。
　当時、作者のJ・K・ローリング女史が、暖房費節約のためにエディンバラの街のカフェに居座り、ハリー・ポッターの話を書いたのは、もはや、有名すぎるくらい、有名なエピソードだが、それから10年。2007年の完結作出版時には、ローリング女史は億万長者になっていた。発表当時、小学生だった読者は大学生である。
　2001年から公開された映画版の方も、2011年夏公開（英国）の『ハリー・ポッターと死の秘宝、パート2』が最後である。
　これで、ハリー・ポッター・ブームも底をつくかと思いきや、いやいや、まだまだ健在のアトラクションがあった。
　ホグワーツ特急である。ハイランド地方で、ハリー・ポッターの旅を再現することができるのである。

　ホグワーツ特急は、ロンドンはキングスクロス駅9と4分の3番線プラットフォームから発車して、生徒たちを魔法学校へ運ぶ蒸気機関車である。
　文章で読むだけでも、銀河鉄道のように、夢をそそる列車だったが、映画では、あえてアニメや特撮で、ホグワーツ特急を撮影することはせず、実物の蒸気機関車を使った。
　1937年に建造されたオルトン・ホール5972号というのが、ホグワーツ特急の前身である。ワイン色の胴体に金文字の入った蒸気機関車は、新たに「ホグワーツ・キャッスル」と命名され、ハリー・ポッターの2作目、『ハリー・ポッターと秘密の部屋』で銀幕に登場した。以降、シリーズにたびたび登場する。
　機関車が走る線路は、スコットランドの現役の鉄道路線、ウエスト・ハイランド線が利用された。普通路線だが、春から秋にかけての観光シーズン中は、蒸気機関車が走る。

ハリー・ポッターの列車、ホグワーツ特急

機関車「ジャコバイト号」映画でおなじみの橋を渡り、海辺の町、マレイグへ運んでくれる。

　ハイランドのフォート・ウィリアム Fort William 駅から出発して海辺の町、マレイグ Mallaig に到着するルートで、英国の中で、最も景色の美しい鉄道路線として親しまれている。途中、英国最西端の駅や、18 世紀の史跡などを通過してゆく。山あり、湖あり、海辺ありと、その評判に恥じない、眺めの良い路線である。

映画にも出てきた鉄橋を渡る！
　ジャコバイト号という蒸気機関車が、約 65 キロのルートを 90 分かけて走るのだが、これがハリーポッターの映画に出てくる、ホグワーツ特急の旅そのものなのだ。映画に出てくる夢のような旅が、実際に体験できるというのだから、子供でなくとも、胸がわくわくする。
　路線のハイライトは、なんといっても 21 門のアーチを持つグレンフィナン Glenfinnan 鉄道高架橋である。そのアーチの優雅な美しさで、有名な橋だ。

スコットランドこぼれ話

　映画の中でも、ホグワーツ特急が煙を吐きながら、この鉄橋を渡るシーンは、強烈な印象である。緑の峡谷と深い青の湖にはさまれた橋は、ゆるやかなカーブを描きつつ、蒸気機関車を運んでゆく。
　グレンフィナン鉄道高架橋は、全長380メートル。19世紀の終りに、ロバート・マックアルピンという技師によって設計された。地上30メートルの高さにかけられた橋は、21門のコンクリートのアーチが特徴で、橋を渡るとき、列車の一番前か後ろの車両の窓から乗り出すと、橋と列車を両方、カメラに収めることが出来る。
　町も人家もない景色は、現実離れしていて、本当にこのまま魔法の国へと消えていきそうである。

終着駅は哀愁のある港町

　終着駅のマレイグはこじんまりとした港町だ。この港から、スカイ島に渡るフェリーが発着している。
　ジャコバイト号は、ここで2時間ほど停止した後、折り返し、フォート・ウィリアムへ戻る。乗客のほとんどは、一日往復で切符を買っており、マレイグでお昼を食べてぶらぶらした後、列車に戻るというパターンである。
　海辺だけあって、マレイグではシーフードが美味しい。とれたての手長エビを山ほどお皿に盛って、レモンとバターソースで食べたり、熱々のフィッシュ・アンド・チップスを堤防に腰かけてつまんだりするのも楽しい。カモメにチップスを盗られて、怒っている人もいる。こってりとした黄色いバニラアイスも見逃せない。

　波止場の海には、アザラシが泳いでいる。アザラシは港に入ってくる漁船から、おこぼれの魚をかすめようと近づいてきているらしい。漁船からは、ハリーの親友、ロンそっくりの赤毛の青年が、ひょいと器用に飛び移ってきた。どこかに、ハリーもいるかもしれない。そんな旅情に溢れた町だ。
　ちなみにジャコバイト号は予約必須。予約の時に「ファースト・クラスのコンパートメント」と指定すると、映画のような、昔風の箱型の客車に座れる。

スコットランドこぼれ話

グラスゴーに日本人サッカー選手が来た日

　英国はサッカーの盛んなお国柄だが、ここスコットランドも例外ではない。外から見るとゴルフの国という印象があるが、熱狂度はサッカーの方がけた違いに、盛り上がっているのだ。
　人気の中心は、スコティッシュ・リーグ。
　それぞれの町に地元チームがあるが、目立つ活躍をしているのは、やはり、グラスゴーやエディンバラのチームである。
　なかでも、常にスコティッシュ・リーグをリードしてトップ争いをしているのが、レンジャース Rangers とセルティック Celtic というチームだ。どちらもグラスゴー市の地元チームだが、共通点はそこまでで、そのライバル意識たるや、大変なものである。それもファン同士の敵がい心が強いので、有名なチームでもある。
　そんなスコティッシュ・リーグに、J・リーグの花形選手が現われた。中村俊輔選手である。

　中村選手はセルティック・チームにスカウトされて、2005 年、グラスゴーにやってきた。
　2005 年から 2009 年にかけて活躍した中村選手の健闘ぶりは、まだ記憶に新しい。
　日本人選手の存在自体が珍しいスコティッシュ・リーグで、中村選手は、たちまち実力を現わした。2007 年には、スコットランド・プロサッカー選手協会から「年間最優秀選手」に選ばれた。また「スコットランド・サッカー記者協会年間最優秀選手賞」、セルティック・チームの「選手が選ぶ最優秀選手賞」、そして、「ファンが選ぶ最優秀選手賞」も受賞している。
　中村選手がサッカーの技術だけでなく、チームメートやファンからいかに支持されていたかを証明する快挙であった。
　だが、良いことだけではない。現実には、言葉や食べ物に対する不自由もあったし、偏見もあった。
　中村選手がセルティックの花形として、活躍すればするほど、ライバルチームのファンは、わざと心無い中傷を浴びせかけてきた。
　「黙って自分のサッカーをしていれば、わかってもらえる」

グラスゴーに日本人サッカー選手が来た日

　中村選手はどんなつらい時でも、常に、そう自分に言い聞かせていたという。

ナカの愛称で親しまれる
　そんな思いが通じたのか、中村選手の人気はやがて、うなぎのぼりに盛り上がり、「ナカ」のニックネームが、スコットランド中に広まるようになった。
　グラスゴーのスポーツ店には、中村選手の等身大のポスターがショーウィンドウの真ん中に飾られた。
　スコットランドのサッカーファンはひいきのチームのユニフォームを試合の日だけではなく、毎日の生活で着ている。筋金入りといわれるファンは、家の中でも、パブに飲みに行くのでも、サッカーのシャツで過ごすのだ。
　中村選手の人気が上がるにしたがって、中村選手の背番号25番がついた緑と白のストライプのユニフォームが飛ぶように売れていった。グラスゴーの町を25番を背中にしょったファンが数多く歩いていたのだ。
　大人のファンばかりではない。中村選手は地元の子供たち、サッカー少年や少女たちも熱狂的にひきつけた。

　仕事柄、私は地元の小・中学校を訪れる機会が多いが、当時、私が日本人だとわかるや否や、必ず子供たちが周りに寄ってきた。そして、口々に中村選手のことを質問してくるのだ。
　「ナカに会ったことある?」
　「ナカムーラ・イズ・ベスト!　かっこいいよね」
　「いつも応援しているんだ。ナカに伝えてくれる?」
　日本人なら誰でも中村選手と親しいのだろうと、思いこむ子供たちには苦笑させられたが、目を輝かせて話しかけてくる子供たちの多くは、ちょっと前までは、日本人に会った事もなければ、日本と中国の区別もつかなかったのだ。

　スコットランドの小学校では、トピックという社会科に似た科目があるが、このトピックで日本を取り上げるのが、子供たちに一番人気があるのだと、先生が教えてくれた。

スコットランドこぼれ話

　ナカの国のことを知りたい、ジャパンてどんなとこ、と子供たちが熱心に勉強するのだそうだ。

　今までは、マリオやプレーステーションが日本産だということすら知らない現代っ子たちだったのに、サッカーのおかげで、日本に興味を持ち出したというのである。

ナカの国、ジャパン

　私も教室に引っ張り出されて、日本の文化を説明させられたこともある。だが、もっと変わったアプローチでは、社会科見学でお寿司を食べに行く、というのもあれば、なんと修学旅行で、日本へ行った学校まであった！

　グラスゴーの日本食レストランは、どこも自称「中村選手のお気に入り」というふれこみで繁盛している。それもこれも、みんな、中村ブームのおかげである。

　ひょっとすると、中村選手がスコットランドに残した最大の功績は、サッカーの業績だけではなく、未来を担う世代に、新たな日本への興味と親近感を植え付けたことかもしれない。

開戦を待ち受けるサッカー場。シーズン中、ファンは国内のみならず外国まで、ひいきのチームを追いかけて応援する。

写真撮影提供：ミリンダ・ナギィ、フォトリア
Soccer ball in stadium at night©Milinda Nagy/Fotolia

スコットランドこぼれ話

ヘンな地名、これなんと読むの？

　スコットランドの地名には、素直じゃない名前がたくさんある。
　もともと「ゲーリック」という、今の英語とは似ても似つかない言葉を使っていたのだから、しかたないといえば、それまでだが、やっぱり旅行者は困るのである。
　例えば、パースの町の近くにあるスクーン宮殿 Scone Palace スペルは Scone だから、まず普通の人は「スコーン」と読む。
　お菓子と同じ名前のお城なのね、なんだか、美味しそう。
　とんでもない、ここは代々スコットランドの王様が戴冠［たいかん］式を挙げた由緒正しきお城です、お菓子と一緒にしないでください、と怒られてしまいそうだ。ここには、かつて「運命の石」と呼ばれる神秘的な石があり、スコットランド王は、その石の上で即位をしたというから、さすがにスコットランド人で読み間違える人はいない。だが、あまり普遍的でない田舎の村だったりすると、地元民でもいい加減な読み方をしているときがある。

　グラスゴーのラジオ番組で、ＤＪが、
「次のリクエストは、ストラスヘーヴン Strathaven のヘザーさんからです」と、しゃべっているのを耳にしたことがある。
　正しい読み方は、「ストレーヴン」。
だが、一発で読める人はほとんどいない。いらない子音ばかり、付けるな！ と、憤慨したくなるようなスペルだ。
　住民は読み間違いに

英国人でも正確に読めない村。ストレーヴンは川沿いの可愛らしいマーケット・タウン。

ヘンな地名、これなんと読むの？

慣れっこになってあきらめているが、ストラスと読むほうが一般的なので、不思議な地名である。ちなみにストラスとは、広い谷あいの土地のこと。川がその平野の間を流れていることが多く、ストラスの後には、たいてい川の名前がついている。

ストレーヴンにも、エーヴォン川が流れている。川のそばには、スコットランドで一番古いと自慢するパン屋がある。テイラーという親子代々のパン焼き職人が守っている店だ。遠方から、わざわざ買いに来る客も多い、確かな味のパンである。週末には、いつも店の外まで行列ができている。

人気のパン屋さんは村の史跡めぐりルートにもなっている。

不思議な名前のお城

変わった地名は他にもあるが、誤解の最たるものは、北はネス湖に面した古城の名前だ。

インヴァネス市から車を西に20分も走らせると、怪物ネッシーでおなじみの湖、ネス湖にたどり着く。ネス湖はハイランド観光の大きな呼び物の一つだが、湖の周りには、ほとんど建物はない。自然がそのまま保たれているのだ。唯一、湖水に張り出して残っているのが、廃墟[はいきょ]のお城、*Urquhart Castle* である。

このお城、ちょうどネス湖の真ん中あたりにあるし、塔のてっぺんからは湖と峡谷のパノラマの眺めが楽しめる。興味深い歴史もある。絶好のロケーションなのである。ネス湖観光に訪れた人が、必ず立ち寄るといっても過言ではないほど、ポピュラーな場所だ。

さあ、名前はなんと読むでしょう。

正解は「アーカート」である。

アーカートは、インヴァネス地方に勢力を持ったクラン *clan*、古くからの部族の名前で、その由来はゲーリック語で、槍[やり]を意味する言葉からきているといわれている。

3つの赤いイノシシが、アーカート族の紋章だ。初代の族長が、

スコットランドこぼれ話

土地を荒らす大イノシシを、単身で仕留めて、村に平和を取り戻した伝説から取ったという。代々、勇敢な戦士として戦うことに誇りをかけた部族である。

　ところが、その誇り高い名前が、日本のガイドブックには、こぞって「ウルクハート城」と紹介されていたのだ。

　ようやく最近は、正しい読み方が掲載されているが、それでも、なかには「ウルクハート城は地元ではアーカートと呼ぶらしい」等と、まぎらわしい記述が残っているものもある。

　最初に伝えられた誤解が、遠いスコットランドのこと、みんな、右習えで、伝わってしまったのだろう。

　こんな変な地名、そうそう、あるものじゃない。そう片づけてしまえば、それまでなのだが……。

読み間違いナンバーワンのお城。ネッシーでおなじみのネス湖のほとりに建てられている。昔はハイランドの軍事ルートだったが現在は観光客でにぎわっている。
写真提供：スコットランド政府観光局
VisitScotland/Scottish Viewpoint

スコットランドこぼれ話

節約家が多い？　北海油田の町アバディーン

　北の町アバディーン市は、スコットランドの東海岸側に位置する地方都市である。スコットランドで三番目に大きい町だ。（人口 21 万 7 千人 2011 年統計による）

　北海油田で有名なところだが、豊かな自然に恵まれており、昔から、漁業と農業が盛んな活気のある町である。港からは、北欧へと向かうフェリーが発着している。町の背後には壮大なグランピオン山脈が控え、両端には悠々たるドン河とディー河が流れている。二つの河に挟まれた平野に広がるアバディーンは、海の幸と山の幸がふんだんにあふれた繁栄の町である。世界的に有名なアバディーン・アンガス・ビーフが、よい例だ。

　アバディーンは、また別名「シルバー・シティー」とも呼ばれている。銀色の町。なかなかおしゃれな響きではないか。これは、地元で豊富に産出される花崗岩を使った建物が、アバディーンの中心地に多いことからきている。

　花崗岩の建物は、北の陽射しに映えて、石の壁の粒子がキラキラと銀色に反射するのである。晴れた日に遠くの丘の上から望むと、町全体が銀色に輝いて見えるというので、いつともなく、「シルバー・シティー」の呼び名がついたというわけだ。

　住宅街には珍しいピンク色の花崗岩を使った立派なお屋敷もあるし、オールド・アバディーンと呼ばれる古風な街並みの一画は、500 年の歴史を誇るアバディーン大学のキャンパスである。英国の、漂泊の美男詩人、バイロン卿の母校もアバディーンにある。教育にも非常に熱心なところなのだ。

お金に細かい気質が町を発展させた？

　だが、なんて良いところだろうと喜ぶのは、早い。実はアバディーンは、スコットランドで一番、ケチ？　締まり屋の集まっている町だとも、言われているのだ。元の由来は定かではないがとにかくアバドニアン（アバディーンっ子のこと）は、お金に細かいという。

節約家が多い？　北海油田の町アバディーン

アバデイーンは花の街としても有名。何度も全国コンクールで優勝している。
写真提供：スコットランド政府観光局　*VisitScotland/Scottish Viewpoint*

　確かにアバドニアンと話していると、お金の話が実によく出てくる。日本人はどちらかというと、あまりお金の話をあからさまにするのは……という遠慮があるから、不動産の値段から、ビールの値段まで、飽きずに数字が出てくる会話にはびっくりする。それも一般論じゃなくて、自分や友人の具体的な話題である。本当に細かいのである。といって、しみったれの「ケチ」かというと、そうではない。無駄遣いや、損をするのがキライ、といった方があたっているだろう。たとえヒトのお金でもだ。

　例えば、タクシーの運転手のヘンな親切（？）こちらが外国人で知らないのだろうと、わざわざ、そこのバス停からバスに乗った方が安いよと教えてくれるのだ。いや、タクシーで行きますというとシブシブ乗せてくれるが、深夜でもなく大荷物も持ってないのに、何でタクシー代を使うんだみたいなオーラを出しまくっての運転。
　帰りに不案内だからタクシーを呼ぼうとすると、また、訪ねた家の人が、えええー、バスの方が安いのにーって。
　モノの貸し借りも煩雑だ。わざわざ新しくお金を出して買うよりもスーツケースやフォーマルなドレスなど、普段使わないものは持っている人から借りた方が合理的という考え方なのだ。

スコットランドこぼれ話

でもパブで飲むときには、絶対、誰もお金を渋らないし、ぽんと大きな買い物もする。優先順位が、はっきりしているのだ。

すぐに誰とも友達になるアバディーンっ子

アバドニアンの気性には、地理的な要素もあるといわれている。

アバディーンは「大きな村」なのだそうだ。一方を海、他方を山に囲まれた地形は、交通が不便な昔は孤立しがちで、人々はどうしてもお互い同士に頼らざるを得なかった。自然、付き合いは濃密になり、結束も固くなる。

よく言われるジョークに、全く見ず知らずのアバディーン人ふたりが出会って、会話を始めるとどうなるか、というのがある。答えは皆、10分間程度話すうちに必ず共通の知人を見つけ出し、たちまち、親戚付き合いが始まる、というのである。文字通り、「友達の友達は皆、友達だ」を実践しているのがアバドニアンなのだ。

また、このあたりの地方では「ドーリック」という独特の古い方言がある。スコットランドの言語「ゲーリック」より、もっとローカルな方言だ。南へ行くと、まるで通じない。

訛りの強いおばちゃんと話をしていて、あまりの聞き取りにくさに、この人は「ドーリック」をしゃべっているのかと疑ったら、

「アラ、外国人と話すときはちゃんと『エイゴ』をしゃべっているわよ、アタシ達がフツーに話したら、アータにわかるわけないじゃない、アッハハハ」、と大笑いされてしまった。

うーん、そうなのか。

グラバーとアバディーン

そんなアバディーンは、日本人にお馴染みのあるトーマス・グラバーゆかりの地だ。長崎の海を丘の上から見晴らすグラバー邸は、オペラ『蝶々夫人』のイメージと重なって昔から人気があった場所だが、グラバーが誰であるか詳しく知る人は少なかった。

だが、地元の作家アレクサンダー・マッカイ氏 Alexander McKay による緻密な伝記『スコティッシュ・サムライ Scottish Samurai:Life of Thomas Blake Glover』（邦題トーマス・グラバー伝）や、日本の幕末ブームのおかげで、グラバーの生涯が知られるようになり、今日のグラバー邸は、「グラバー園」なる、長崎の居

節約家が多い？　北海油田の町アバディーン

留地当時の異人館を集めた一大観光スポットに変貌している。

　グラバーはフレーザバラという北の港町で生まれて、6歳の時にアバディーンに引っ越してきた。ドン河の側の家から、バイロン卿と同じ地元の学校に通い、青年らしい夢を培ったのだ。

　まさか遠い東洋の異国、日本で生涯を終えることになろうとは、アバディーンの古い石畳みの道を歩いて通学する時には、想像だにしなかっただろう。
　グラバーが歩いた道は、今は閑静な散歩道としてたどることが出来るが、一人のスコットランド人青年が野心あふれる商人として海を越えて旅立って行った運命を思うとき、ある感慨を覚えずにはいられない。
　長崎の、青い南国の海を丘の上の家から望むとき、グラバーは故郷の寒い灰色の海のそば、ひっそりと銀色に輝くアバディーンの町を、どのように思い出したのだろうか。

グラバーが愛した北海にたたずむ銀色の街を見下ろす。

写真提供：スコットランド政府観光局　*VisitScotland/Scottish Viewpoint*

スコットランドこぼれ話

牧場は緑、トイレはいずこ？

　スコットランドの緑は美しい。
　ハイランドというとすぐ、ヒースの花が出てくるが、初夏の風にそよぐ青々とした麦畑だって、羊がのんびりと草をはむ緑の牧場だって、目にまぶしいほど鮮やかである。
　そんなムーア（荒野）やグレン（峡谷）の中を走るドライブは楽しいものである。
　よけいな建物も無いし、人もいない。もちろん、無粋な広告塔や看板で景観をそがれることもない。
　美しい緑の牧場がどこまでもひろがっているのである。
　そう、どこまでも……。
　うららかな午後、美味しいランチも終わって、観光バスの中はゆったり気分である。スコットランド民謡を聞きながら、うたた寝する人もちらほら出始めた……。

バスの中のひとりごと
　今日は、あとはもうホテルに向かうだけか。さっきの説明では、ハイランドの素晴らしい景色を楽しみながら、ゆっくり快適なドライブを楽しんでくださいなんて、言ってたよなあ。
　うんうん、ほんと、緑がキレイだ。ヒツジはかわいいし、あれは農家の建物だろうな、白壁で、煙突があるぞ、あ、洗濯物を干してる。いやあ、のどかだなあ、アーニーローリーの歌、そのまんまじゃないか。こういうのを、牧歌的て言うんだよねえ、なかなか日本じゃ御目にかかれないよ。いやあ、来てよかった。
　イギリス料理は不味いなんて言われていたって、結構、お昼も美味しかったぞ。ビール、いやエール酒ていうのか。すすめられて飲んだけど、イケるよね。大きいやつ、飲んじゃったけど、案外、飲めるよ、アレ。
　食後の紅茶もさ、やっぱり本場だね。味も香りも全然違うよ。しかも大きなポットで出てきてさ、気前がいいよね。ついついお代わりしちゃったけど、またミルクティーが、甘いデザートに合うんだねえ。

牧場は緑、トイレはいずこ？

　少し寝ておくかな。さっきからずっと同じような景色だし。
ほんと、どこまで行っても見事に緑の牧場だねえ。

それから１時間後のつぶやき

　もう、結構走っているのに、町なんて全然、通り過ぎないじゃないか。日本なら、このあたりでドライブインでもでてきそうなところだよな。うん、休憩処とか看板が出てきたりしてさ。何にも、無さそうだなあ、ここは……。

　紅茶のお代わりは余計だったな。いや、ビールも小さいのにしておけばよかった。そういえば、スープも飲んでいるんだった。

　水分、取りすぎだぞ。困ったね、ホテルはまだなのかな？　なんで、こんなに羊ばっかりなんだ？

　ネス湖って、ずいぶん遠いじゃないか。いつになったら、にぎやかなところに出るんだ？　牧場ばっかりじゃないか。

スコットランドの田舎は、どこも眠ったように静かである。いったん町を出てしまうと、人に会うことは滅多にない。羊ばかりである。

写真提供：スコットランド政府観光局 *VisitScotland/Scottish Viewpoint*

スコットランドこぼれ話

やっとか止まる！

バスがスピードを落とし始めた。

座席のあちこちで、もぞもぞと座りなおしたり、背中を伸ばしたりしている人が目につくようになった。何となく落ち着かない雰囲気だ。そこへタイミングよくマイクから一声。

「休憩で、20分止まります。ここを出ますと、あとは荒野の間を抜けていきます。休憩出来る様なところはありませんので、トイレの必要な方は……」

寝ていた人も起きだして、みんな、急いでバスの出口に向かう。どんなにきれいな景色でも、観光客は羊ではないので、緑の牧場だけじゃ困るのである。

さあ、降りたら、ついでに絵葉書でも買ってゆくかな。おや、美味しそうなジャムを売っているぞ……。

どこまでも続く一本道。車一台分の幅しかないので、ところどころに、すれ違い用のスペースが設けられている。

写真提供：スコットランド政府観光局 *VisitScotland/Scottish Viewpoint*

ATSUKO CLEMENT クレメント篤子

　1990年公認ガイド資格取得。1981年よりスコットランド在住。出身：千葉県市川市。

　スコットランドの踊りとその背景、文化に興味を持ち渡英。スコットランドの国柄に魅了され、その素晴らしさを日本の皆様にもお伝えしたいと1983年からこの業界に入り、英国に関わるメディアから通訳まで多種多様なガイドを幅広く行っている。
　趣味のダンスを通して、日本のみならず世界各地でもスコットランドの踊りを指導し、この国の文化も合わせて紹介している。

atsuko.scotland@gmail.com

スコットランドこぼれ話

スティーヴンソンが吉田松陰の伝記を?!

　『ジキル博士とハイド氏』や『宝島』で知られる文豪ロバート・ルイス・スティーヴンソン Robert Louis Stevenson が、日本に先駆け世界最初の吉田松陰の伝記を書いている。松陰の話が、どのような経過で日本からかけ離れたスコットランドの地に伝えられたのだろうか？

灯台技師のスティーヴンソン家

　スティーヴンソンは、1850年にエディンバラで生まれた。灯台技師と言えば「スティーヴンソン家」と言われる程知られた一家の一人っ子であった。父方は、曾祖父トマス・スミスの時代から代々灯台技師で、1952年までの166年間五代にわたり、スコットランド沿岸に90以上の灯台を建設している。

　スティーヴンソンは、学校に入っても休むことの多い病弱な子供だったが、子供の頃から物語を話したり書いたりする文学少年であった。17歳でエディンバラ大学に入学。父親の跡を継ぐのが当たり前だった時代で、スティーヴンソンも父が望む工学部に入学した。

　しかし工学には興味が持て

1857-1880年の間スティーヴンソンが住んだヘリオット・ロウ17番地。

スティーヴンソンが吉田松陰の伝記を?!

ず、20歳の時に文学への変更を宣言。生活の保障のために法学を専攻することで父と合意し、法学部に転向した。1875年、弁護士の資格を取得したものの執筆に専念するようになり、実際に法律関係の仕事をしたことはない。

正木退蔵との出会い

その当時の日本は丁度明治維新の時代で、岩倉具視率いる視察団や灯台関係者などがエディンバラを訪れている。

1878年、留学生の監督として派遣された正木退蔵（13歳で松下村塾に入門。教育者となり、現東京工業大学の前身東京職工学校の初代校長を務め、また外交官としてハワイ総領事も務めた）が訪れた際、エディンバラ大学の土木工学部教授ジェンキン宅へ夕食に招待され、同じように招かれていたスティーヴンソンと出会う。二人の会話に花が咲き、吉田松陰（1830-1859）のことが話題となった。

愛国心と探究心に満ち、希望と挫折を繰り返す松陰の苦闘と不屈の精神の生涯を熱っぽく語る正木。熱心に聴き入るスティーヴンソン。「日本にはそんな素晴らしい人物がいたのか！ 世界に知られるべきだ」と深く感銘を受けたスティーヴンソンは、吉田松陰の誕生から処刑までの生涯を紹介する伝記を世界に先駆けて書いた。

「吉田の名前は、ガリバルディ（イタリア統一運動の志士）やジョン・ブラウン（米国の急進的奴隷廃止論者で絞首刑となった）のように誰もが知るようになるだろう。近い将来もっと詳しく、日本の革新期に吉田がもたらした影響と彼の生涯が紹介されるであろうが我々は彼のことを今知るべきだ。不完全な概要にすぎないが……」と断った上での14ページの伝記は、松陰の通称「寅次郎」を題名にした『Yoshida-Torajiro』で、ヴィクトル・ユゴーやジョン・ノックスと共に『人物と書物に親しむ Familiar Studies of Men and Books』の中で紹介されている。

この伝記の最後にスティーヴンソンは、
「祖国のために、自らの生涯と勇気、自由のすべてを捨て、ついには命を捧げて得ようとしたものが、今日の日本にどれ程大きな恩恵

をもたらしているかを忘れてはならない we should never forget --- finally gave his death, as he had formerly given all his life and strength and leisure, to gain for his native land that very benefit which she now enjoys so largely」、さらに「これら孤高の士と同時代に生きていることは真に心が躍る It is exhilarating to have lived in the same days with these great-hearted gentlemen」と結び、「生命に息吹を与えてくれる日本の英雄の話 Yoshida-Torajiro, a paper on a Japanese hero who will warm your blood」と、後に友人に書き送る程いかにスティーヴンソンが松陰の生き様に心を打たれたかがうかがい知れる。

ファニーと結婚

　スティーヴンソンは療養を兼ね、度々気候の良いフランスを訪れている。1876年に訪れた際、絵の勉強をしていた10歳年上で2人の子持ちアメリカ人女性ファニー・ヴァン・デ・グリフトゥ・オスボーン Fanny Van de Grift Osbourne と出会う。翌年二人は再会し、スティーヴンソンは彼女と子供達としばらくの間生活を共にする。しかし1878年、ファニーはアメリカに帰ってしまう。スティーヴンソンは資金繰りをし、翌年ファニーを追って渡米。ファニーの離婚が成立した1880年二人は結婚して、エディンバラで生活を始める。考え方の違いから仲たがいをしていた父子の間も、ファニーのお陰で回復し、両親も二人の結婚を認める。

　1887年スティーブンソンの父が亡くなった後、母親を伴ってアメリカに渡り、最終的には温暖な気候のサモア諸島の一つウポル島に落ち着き、島民から「語り部」と慕われた。1894年12月3日、日中執筆の仕事したその夜、妻との会話中に倒れ、一生を終えている。

スティーヴンソンの著作

『宝島』

　1883年出版の『宝島 Treasure Island』は、スティーヴンソンがホリディを過ごしたハイランド地方のブレイマーで、自分の義息子へ語った話が基になっている。

　彼が7歳のときに家族がエディンバラ新市街地のヘリオット・

スティーヴンソンが吉田松陰の伝記を?!

ロゥ17番地に引越しをした。その家並に平行する共有プライベートガーデンにある池の中の小さな島が、この作品の最初のヒントになったとか? また灯台技師の父に連れられて、スコットランド沿岸に点在する灯台を見て回る航海中に訪れた島々も、その構想に役立ったと言われている。

スティーヴンソン家前の公園にある小さな池と小島。

『ジキル博士とハイド氏』

スティーヴンソンの著作で最も有名な『ジキル博士とハイド氏 Strange Case of Dr Jekyll and Mr Hyde』は1886年の作。祖父から聞いたウイリアム・ブローディ William Brodie（1741-1788）の話をモデルにしていると言われている。ブローディは大工・石工職人組合長 Deacon だったので、ディーコン・ブローディの通称で知られていた。父の跡を継いだ優秀な家具職人だった彼は、エディンバラ市会議員も務め、市民からも尊敬され、その当時著名だった詩人のロバート・バーンズや画家のヘンリー・レィバーン卿とも交友がある程だった。

しかし彼には人から知られない一面があった。お互いが相手の存在を知らない2人の愛人とのダブルライフ。その愛人？人との間には合わせて5人の子供がい

エディンバラ旧市街地の中央通り「ロイヤル・マイル」にある「ディーコン・ブローディズ・タヴァーン」と名付けられたパブ。

スコットランドこぼれ話

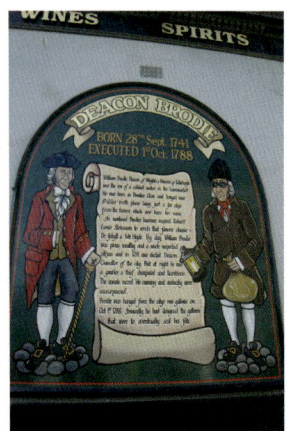

パブの壁に描かれたブローディの生涯。

た。父親のビジネスと住居、さらに1万ポンドの遺産を相続したにもかかわらず、エディンバラの社交界で派手に振舞い、ギャンブルにのめり込み……。お金はいくらあっても足りない生活だった。

　第一線で活躍していた家具職人のディーコン・ブローディには、市の有力者から仕事の依頼がある。日中その屋敷に出入りした際に合鍵を作っておき、夜、強盗に入った。最初はお金のためであったがそのスリルにも魅了され、遂には4人組みで盗みを働いた。その1人が捕まり仲間を告白。ブローディは、アムステルダムからアメリカ行きの船に乗ろうとしているところを逮捕され、1788年10月1日、セント・ジャイルズ St Giles 大聖堂前の処刑台で絞首刑となった。この処刑を目撃していたのがスティーヴンソンの祖父という訳だ。

　人には善と悪が同居する。規律や道徳を重視する時代に、それに縛られる人格から自由な人格を分離する薬を研究するドクターという二重人格の設定は、スティーヴンソン当時医学の非常に進歩していたエディンバラだったからこそ、生まれた構想ではなかろうか？

『死体泥棒』

　ちなみに、医学の発達には裏話がある。解剖学の研究が必要だった当時、処刑された遺体だけでは足りないので医者が遺体をいい値で買い取った。需要があれば供給が起こる。埋葬したばかりの遺体を盗むボディスナッチャーと呼ばれた遺体泥棒が徘徊するようになった。ところがバークとヘアというアイルランド人の二人組みは墓掘りなんて面倒な事をせず、殺人をして遺体を医者に売った。スティーヴンソンは、このバークとヘアの事件をモデルに1884年、『死体泥棒 The Body Snatcher』という短編小説も書いている。

スコットランドこぼれ話

スコットランドと日本

　明治維新後、スコットランドからたくさんの学者や技術者達が、西洋の技術を伝えるために日本を訪れている。

日本の初期の灯台

　日本初の「お雇い外国人」となったリチャード・ヘンリー・ブラントン *Richard Henry Brunton*（1841-1901）は、エディンバラにある「北部灯台協会 *Northern Lighthouse Board*」から派遣され、犬吠崎、石廊崎など日本各地26ヶ所に灯台を建設している。

　日本では地震が多発する。このために、灯台の火が消えてしまった。そこでエディンバラの本部へ、「地震でも消えない灯台を考え出してくれ」と依頼した。その地震でも消えない灯台を考案したのがスティーヴンソンの叔父デイビッド・スティーヴンソン *David Stevenson* であった。

エディンバラの北部灯台協会

日本の地震学

　ジェームズ・アルフレッド・ユーイング卿 *Sir James Alfred Ewing*（1855-1935）、トマス・ロマー・グレィ *Thomas Lomar Gray*（1850-1908）、リヴァプール生まれのジョン・ミルン *John Milne*（1849-1913）の3人は、日本の地震学とその測定方法を確立。地震がないと言っても過言ではない英国から、日本に着いてびっくりしたのが地震で、早速研究の対象となったという訳だ。

　ちなみにこのユーイングは、スティーヴンソンがジェンキン教授宅で正木退蔵と出会ったとき、その場に同席していた。彼が「お雇い外国人」として日本へ招かれたのは正木の斡旋[あっせん]であった。

スコットランドと日本

日本衛生工学の始祖バルトン

　ウイリアム　K．バルトン William Kinnimond Burton（1856-1899）は疫病の流行に悩む明治政府の招聘[しょうへい]により、日本の主要都市の衛生調査と上下水道計画の基礎を築き、その技術者を育成した。また浅草に日本初の12階建て高層タワー「凌[りょう]雲閣」を建設、趣味の写真では日本各地を撮影し英国に紹介している。

　バルトンは、『シャーロック・ホームズ』の作者で知られる同じエディンバラ生まれのアーサー・コナン・ドイルと親しかった。

エディンバラのフォース鉄道橋

　「お雇い外国人」となったヘンリー・ダイヤー Henry Dyer（1849-1918）は、工部大学校校長として大学教育の基礎を作り、西洋技術を指導。彼の奨励で多くの日本技術者がグラスゴー大学で学んでいる。ヘンリー・ダイヤーに師事していた渡辺嘉一もその一人で、フォース鉄道橋のデザインを提案している。

　1890年に完成した鉄道橋は、エディンバラの北にあるフォース湾 Firth of Forth に架かる。その北側のファイフ半島とダンディ市を結ぶテイ Tay 鉄道橋が、1879年12月28日の嵐の際、丁度列車の通過中に落ちてしまうという災難にあった。すでに計画中だったフォース鉄道橋のデザインを白紙に戻し、公募して見直された。それに応募したのが、渡辺嘉一。採用された彼の提案は、梁[はり]の一端を固定し他端を自由な状態にする**片持ち梁**（ドイツ語**ゲルバー・トラスト**）と呼ばれる建築様式を重複使用したもので、この橋の完成当時は世界で最も長い（2.5 Km）スチール製のゲルバー橋であった。

渡辺嘉一がデザインを提案したフォース鉄道橋。

スコットランドこぼれ話

ヨーロッパ唯一の私兵「アソル・ハイランダーズ」

　スコットランドには今でも、「アソル・ハイランダーズ Atholl Highlanders」と呼ばれるプライベートの軍隊が存在する。現在、ヨーロッパで公式に認可されている唯一の私兵である。この私兵を許されているのがアソル公爵で、居城はパース市の北およそ 50 km、ブレア・アソル村にある白亜の古城「ブレア城」である。

ブレア城

　スコットランドの歴史をひも解くと 1746 年まで、ハイランド地方のクラン（氏族）達は皆私兵を持っていた。戦いがあると、領民がチーフトン（族長）のために武器を持って戦った。族長の親族で他の土地に住む小族長達も、自分の私兵を連れて馳せ参じた。

　ところが 1746 年 4 月 16 日、カローデンで起こった最後の戦いに惨敗したジャコバイト軍は、イングランド勢力の強い英国中央政府から弾圧を受けることになる。その例として、ハイランドに長年続いた独自の文化であるバグパイプやタータンが禁止され、また反乱防止のため、各氏族も自分の軍隊を持つことが禁じられた。

　但し、英国政府軍として起兵することは認められ、兵士達はキルトの着用もバグパイプの演奏も許された。しかしこのハイランドの軍隊は、あくまで国の命令に従って戦う「政府の軍隊」であった。

ジャコバイト Jacobite 蜂起

　ここで「ジャコバイト蜂起」について簡単に触れておきたい。元々スコットランドとイングランドは 1707 年に合併するまで、民族も歴史も風習もまったく異にする別々の国であった。

ヨーロッパ唯一の私兵「アソル・ハイランダーズ」

 ところが1603年イングランドのチューダー王朝最後のエリザベス1世が独身のまま亡くなったため、スコットランド国王ジェームズ6世がその跡を継ぐことになった。彼の曽祖父ジェームズ4世の妻が、イングランド王ヘンリー8世の姉マーガレット・チューダーでチューダー家直系の血筋だったからだ。ということは、スコットランド王が、敵国イングランドの国王も兼ねるようになり、それまでイングランド王家にはジェームズという名がなかったので、ジェームズ1世として戴冠した。

 その後、スチュワート家はチャールズ1世、チャールズ2世、更にその弟ジェームズ2世と続くが、ジェームズ2世はカトリックに改宗し、カトリックのモデナ公国のメアリーと再婚して、嫡男が生まれた。しかしプロテスタントのイングランド政府は、ジェームズ2世を排除し(無血の革命と言われた1688年の名誉革命)、最初の結婚で生まれたプロテスタントの娘メアリーと彼女が嫁いだオランダのオレンジ公ウイリアム3世を王座に就けた。

 この時スコットランドはまだ独立国だったので、自国の国王をイングランドの都合で廃

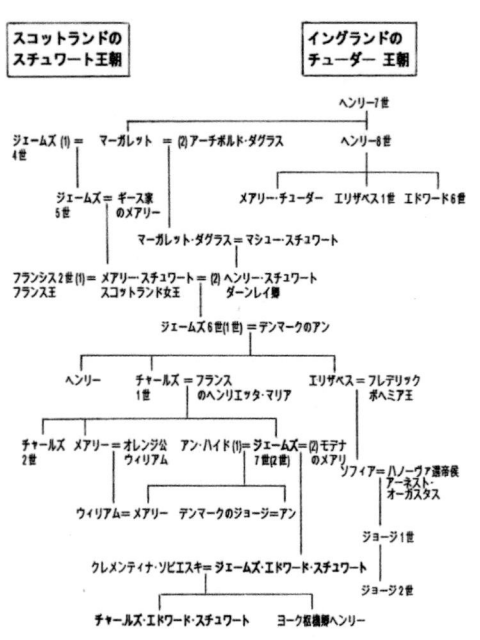

スコットランドとイングランドの各王家の関係。

スコットランドこぼれ話

位させた事に憤怒し、ジェームズのラテン名 Jacobus から「ジャコバイト」と名乗って、スチュワート王家の正当な跡取りを王座に就けようと、スコットランド、特にスチュワート家に忠誠を尽くすハイランドの氏族が蜂起した。

これは一代に留まらず、ジェームズ2世の息子ジェームズ・エドワード・スチュワート（老僭王 Old Pretender）、更に孫ボニー・プリンス・チャーリーの名で慕われるチャールズ・エドワード・スチュワート（若僭王 Young Pretender）と続き、その最後が1746年4月16日の「カローデンの戦い」であった。

私兵を許可された理由

話を元に戻そう。ではなぜアソル公爵だけに、私兵を持つことが許されたのか？ 1844年、ヴィクトリア女王が体調を崩され、医師から療養を勧められた時、女王の女官を務めていたアソル公爵夫人アンが、空気の良いハイランドにあるブレア城での滞在を進言。3週間にわたる女王の療養中に護衛を務めたのが、アソル・ハイランダーズだった。これに感激された女王は翌年アソル公爵に軍旗を下賜し、正式に私兵を持つことを許可した。

ヴィクトリア女王旗（左）とアソル・ハイランダーズ軍旗

軍隊なので武器の携帯が許されている。但し、反乱を起こされては困るので、「200人まで」と兵数の制限は忘れなかったそうだ。

ヴィクトリア時代のままの軍服

今でもアソル・ハイランダーズの軍服は、ヴィクトリア女王当時のままである。プレードと呼ばれるタータンの布を身体に巻いて残りの部分は肩から

プレード着装中

ヨーロッパ唯一の私兵「アソル・ハイランダーズ」

「鷹の翼」に見えるように垂らす。バグパイプを演奏する一般のパイパーが使うプレードはすでに、プリーツ状に畳んで縫い込んであり簡単に装着できるようになっている。しかし、アソル・ハイランダーズのプレードは大きな一枚布のままなので、1人では装着ができない。同僚に一方の布端を持ってもらい、もう一方の布端を引っ張りながら自分の肩に固定し、自ら一回転しながらプレードを身体に絡みつけて身にまとう、いまだに昔ながらの悠長な方法である。

簡単に入隊できない?!

　私兵といっても、現在では戦いに行くことはない。あくまでも儀式用。観光アトラクションでもある。ただし希望すれば誰でもが入隊できる訳ではない。公爵からの「お招き」があって初めて一員になれるのだ。

昔ながらの銃剣を携行するアソル・ハイランダーズ。

　かつて、英国のある軍事司令官が退役後、故郷のブレア・アソル村に戻ってきた。早速、公爵からアソル・ハイランダーズ入隊への「お招き」があった。この元司令官はいたく感激し、二等兵でも喜んでお受けした……という逸話があるほどだ。また、パース市長も一員になることを願望していたが、遂に念願は叶わなかったそうだ。

　ハイランダーズは通常アソル領地に住み、公爵の領民として働き

スコットランドこぼれ話

その信任が得られ、認められて、ようやく「お招き」となる。「酒を飲んでも乱れないこと」が条件だ。さすがウイスキーの国、「大量に飲んでも、アソル・ハイランダーズの一員としての誇りを忘れるな!」ということなのだろう。

アソル・ハイランダーズはバグパイプ・バンドも持つ。元ブラック・ウォッチ Black Watch 連隊バグパイプ・バンド隊長や、バグパイプの古典である「ピーブロッホ協会 Piobaireachd Society」会長、医者、校長先生など、そうそうたるメンバーにより構成されている。

アソル・ハイランダーズの一員になることは大変な名誉である。公爵に対する忠誠心で仕え、金銭での報酬は一切ない。それぞれ自分の仕事を持っている。ただし、軍服と任務時の食事は供給される。

アソル・ハイランダーズのバグパイプ・バンド

私兵による恒例のパレードが行われた夜には食事が振舞われる。かつては、アソル・ハイランダーズだけの「ジェントルマンズ・クラブ」的な夕食会だったが、第10代公爵が私兵に妻の同伴を認め、今では「ディナーダンス」として、私兵と妻達の「大ファミリー的」な交流の場となっている。

公爵の親族の方々は、将校としてパレード(閲兵式)に参列し、指令を与えたり、軍旗を掲げ持つなどの重要な役割を果す。彼らの軍服は自前である。ディナーダンスでは公爵の客人として、公爵とテーブルを共にする。

ヨーロッパ唯一の私兵「アソル・ハイランダーズ」

ハイランドの乾杯 Highland Toast

ハイランド・トースト

　このディナーの最後に「ハイランド・トースト」と呼ばれる公爵への乾杯の儀式がある。ハイランダーズは将校も含めて全員が座っていた椅子の上に立ち、片足を白いテーブルクロスの掛けられた食卓の上に置き、グラスを高々と揚げて「アソル公爵へ」と唱和する。もちろん皆、靴を履いたままだ！　鹿の角が壁一面に飾られ、ハイランドらしい雰囲気あふれる舞踏会場で、キルト姿のアソル・ハイランダーズによる「ハイランド・トースト」の儀式は圧巻で、長い歴史を感じさせる。

現公爵は南アフリカ在住

　2012年現在の公爵は第11代目のジョンで南アフリカに在住しており、ブレア城に住んでいるわけではない。第8代公爵以後第10代公爵まで跡取りに恵まれず、ジャコバイト蜂起でボニー・プリンス・チャーリーの右腕として活躍したジョージ・マレイ卿までさかのぼり、その直系が現第11代公爵となる。ご子息のブルースとクレィグ、そしてお孫さんのマイクルは、アソル・ハイランダーズの将校を務められる。少なくともこれから三代にわたって、お家安泰と言える。

　公爵は、毎年5月下旬に開催されるパレードとハイランド・ゲームズのため、南アフリカから来られる。パレードで私兵を閲兵し、新しく入隊した兵士にグレンガリィと呼ばれる帽子に付ける公爵家の「お印」の杜松 Juniper を授与して、正式な入隊許可の象徴となる儀式を司り、また、銃猟競技やその他の賞を授与される。翌日行われるハイランド・ゲームズでは、東・西・南・北を向く度に剣でタージと呼ばれる皮製の楯を叩く伝統的な開会の儀式を司り、各賞

スコットランドこぼれ話

第11代アソル公爵ジョン（左）
孫のストラステイ＆ストラスアードル伯爵マイクル（中央）
長男タリバーデン侯爵ブルース（右）
写真提供：ブレア城 *Blair Castle*

を授与される。

　通常居城されているのは、前公爵の異父妹一家である。前公爵が、自分の死後に生じる莫大な相続税のために領地を切り売りする事態を予想し、領地内で暮らす領民達が住居と仕事を失わなくてもすむようにと、亡くなる前に資産をトラストの形態にした。その代表を務めるのが異父妹で、領地と城の管理運営をしている。

謁見式 *Parade*

　アソル・ハイランダーズのパレードは、毎年5月最後の月曜日が祭日となるその直前の土曜日に行われ、翌日曜日にハイランド・ゲームズが城の敷地内で開催される。

パレードで開会を告げる旧式の大砲。

スコットランドこぼれ話

ハイランド・ゲームズ　*Highland Games*

「大運動会」と言ったら想像して頂きやすいかもしれない。昔、ハイランドでの生活は厳しく、仕事はきつく、娯楽もなかった。そこで腕を競わせて仕事に張りを持たせ、楽しみにもつなげようと考案されたのが、ハイランド・ゲームズだ。18世紀のジャコバイトの敗戦により一時禁止されていたが、1820年代にスコットランドを代表する文豪ウォルター・スコットの奨励で復活したと言われている。

ブレア・アソル村では……

ハイランド・ゲームズが1827年に再開され、バグパイプ演奏やハイランドダンス、スポーツ競技に加えて、その当時は女性のためにタータンの糸紡ぎ、染め、機織りなどの展示があり、それぞれに賞が与えられた。また雇い主に最も忠義深く信頼があり、長く功労した使用人にも賞が与えられた。

現在のハイランド・ゲームズ

スコットランドの各地で自然の地形を利用して繰り広げられるハイランド・ゲームズ（ギャザリングとも呼ぶ）は、それぞれその地方色も加わり夏の風物詩と言える。特に有名なのは、女王様はじめ王室の方々がご臨席されるブレーマー・ギャザリング *The Braemar Gathering* や世界最大の規模を誇るカオル・ハイランド・ギャザリング *The Cowal Highland Gathering* であろう。

競技種目は：

現在の競技種目は大きく次の3つに分けられる。

1) **体力を競う**
   ヘヴィ・イベント
   Heavy Events

ハイランド・ゲームズ

ハイランド・ゲームズ　*Highland Games*

- 綱引き *Tug-O'-War*：日本でもおなじみ。筋肉たくましい豪壮な男達のキルト姿は流石スコットランド！

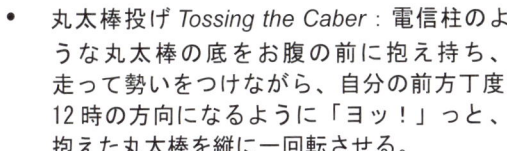

綱引き

- 錘[おもり]投げ *Throwing the Weight Over the Bar*：重いものだと 25 Kg もある錘を片手で上に放り投げ、バーを越えさせる。バーの高さは競技の進行に伴って上げられる。

- 丸太棒投げ *Tossing the Caber*：電信柱のような丸太棒の底をお腹の前に抱え持ち、走って勢いをつけながら、自分の前方丁度 12 時の方向になるように「ヨッ！」っと、抱えた丸太棒を縦に一回転させる。

- ハンマー投げ *Throwing the Hummer*

- 石投げ *Putting the Stone*

- 跳躍競技 *Long Leap & Hop Step and Leap*

- ヒルレース *Hill Race*：丘を走って一周する。

丸太棒投げ

2）ハイランドダンス *Highland Dance*

　元来男性の踊りだったが、第二次大戦後若い女性の参加が認められるようになり、今では女性が主となっている。衣装がキルト、タータンのズボン、水兵服、タータンのスカート、アイルランドの洗濯女の服装……と踊りに合わせて変わり見ていて楽しい。

　年齢別、ダンス別に競技され、部門としては**ハイランド・フリング** *Highland Fling*、4人で踊られる**フラハン** *Hulachan* と**ハイランドリール** *Highland Reel*、**ソード・ダンス**（剣の舞）*Sword Dance*、キルト禁止時代に「ズボンはご免だ！」を象徴した**ショーン・トゥルース** *Seann Triubhas*、**水兵の踊り** *Sailor's Hornpipe*、女性のための踊り**スコティッシュ・リルト** *Scottish Lilt* と**フローラ・マクドナルズ・**

ハンマー投げ

スコットランドこぼれ話

ファンシィ Flora MacDonald's Fancy、怒り狂うアイルランド人の洗濯女をイメージした**アイリッシュ・ジグ** Irish Jig 等に分かれる。

ハイランドダンス

3) バグパイプ

「ソロ演奏部門」として年齢別に伝統的なスコットランドの音楽**マーチ・ストラスペイ＆リール** March, Strathspey & Reel のそれぞれの曲種から選曲してメドレーで演奏する部門と、バグパイプのクラシックと言われる**ピーブロッホ** Piobaireachd の部門で競技される。場所によってはこれに**ジグ＆ホーンパイプ** Jig & Hornpipe の部門が加わることもある。

グループで演奏する「バグパイプ・バンド部門」でも、**マーチ・ストラスペイ＆リール**部門と、決められた時間内での**自由選択メドレー**の2部門に分かれて競技される。

ソロ部門での演奏

これらダンスやバグパイプの競技には、スコットランド人が移民したカナダ、アメリカ、ニュージーランド、オーストラリア等からも、世界チャンピオンを目指して多数参加する。

見学者参加のかけっこ

各種競技が敷地内で同時進行する会場には、世界中から集まる氏族の歓迎テントや食べ物の屋台、売店が並び、年齢別・性別の子供のかけっこや大人の競争など見学者参加もあり、バクパイプ・バンドの行進もありと盛りだくさんである。

ハイランド・ゲームズは、日本でも毎年10月に幕張と神戸で開催されている。詳細は、日本スコットランド協会にお問い合わせを！
info@japan-scotland.jp, www.japan-scotland.jp Tel/Fax: 03-6380-5256

スコットランドこぼれ話

「タータンチェック」って、日本語なの？

　日本では「タータンチェック」と言うが、スコットランドでは単に「タータン」と呼ぶ。チェックは単なる格子柄のことだが、タータンは紋章を意味するので、この二つは全く「格」が異なる。
　一つの格子柄を「セット Sett」と呼び、機を織るときのその縦糸と横糸の色と糸数を表示して、家名と家紋 Crest、家言 Motto と共に登録し、公式に認められて初めて「タータン」と呼べる。従って、伝統的なタータンであればそのセットから家名が分かる。

機織の縦糸に、杼[ひ]で横糸を通すと、タータンのセットとなる。

タータンの登録

　タータンの登録に関しては、かつて「ライオン卿キング・オブ・アームズ Lord Lyon King of Arms」を長とするスコットランド紋章院 Lyon Court と呼ばれる伝承を司る役所が管理していた。しかしタータンの流行に伴い、1963年タータンの学識者と業者を中心に、古文書や遺品の保存管理と登録管理を目的とする団体が発足した。
　さらに1990年代になると新しいタータンの需要が急増し、その記録管理をする民間団体の興亡と変遷が起こった。その結果2009年2月5日から、スコットランド政府管轄下に新規設置された「スコットランド・タータン登記所 The Scottish Register of Tartans」が、それ以前に登録管理をしていたスコティッシュ・タータンズ・オーソリティ The Scottish Tartans Authority（1996年設立）とスコティッシュ・タータンズ・ワールド・レジスター Scottish Tartans World Register（2008年設立）の民間2団体と連結を取り、公式にタータンの登録・管理を行っている。

「タータンチェック」って、日本語なの？

近年では市や地方、会社や団体などでも独自のタータンを考案・登録し、新タータンが数多く生まれている。例えば、バーバリーやスコットランド観光局、エディンバラ・ミリタリー・タトゥなど個人名ではないタータンも市販されている。この本の表紙に使われているのは、一般に市販はされていないが、我々公認ガイドが所属するスコットランドガイド協会 Scottish Tourist Guides Association 独自のタータンである。

新タータンは、ロッホカーロン・オブ・スコットランドやハウス・オブ・エドガーなどの織物業者でデザインし、制作してくれる。

タータンの色柄と数

紋章だからと言って、1つの氏族に1つのタータンとは限らず、染めの違いから1つのタータンでも3種類の色合いが可能となる。以下に、マレィ・オブ・アソル Murray of Atholl（緑系）とマクノートン MacNaughton（赤系）を例に、その色の違いを比べて見たい。

マレィ・オブ・アソル　　マクノートン

- 草木染めの柔らかい風合いを持つ**オールド** Old あるいは**エンシェント** Ancient カラー

- はっきりした現代の染色法をイメージした**モダン** Modern カラー

- 長年陽に焼け、色あせした色調の**ミューテッド** Muted または**ウエザード** Weathered あるいは**フェイデッド** Faded カラー

と、染めの「歴史」を再現している。

（注）色の呼び方の違いは織物業者の商標のため。

スコットランドこぼれ話

　また一家のタータンでも、用途によって色合いが変わることがある。舞踏会やフォーマルな場合には白を入れてお洒落な**ドレス・タータン**、狩りでは自然に溶け込むような緑や茶を基調にした**ハンティング・タータン**といった具合だ。但し、色は変わっても基本的に「セット」は同じで、格子柄の糸の数は変わらない。例えばスチュワート家の場合、本来の赤を基調にしたロイヤル・スチュワートに加え、ドレス、ブルー、ブラックなど色調の変わるタータンが作られ、更にそれぞれ前述の3種類の染めが可能となる。この色合いの違いというのは近年の考案である。

ロイヤル・　　　　ドレス・　　　　ブラック・　　　　ブルー・
スチュワート　　　スチュワート　　　スチュワート　　　スチュワート

　ハンティング・スチュワートは、上記スチュワートのセットとは異なる。1633年にスチュワート家が召集したロイヤル・スコット連隊の、戦場で目立ちにくい自然色のタータンをそのまま狩りの時に使ったのが伝統となったためである。

ハンティング・スチュワートに於ける染めの違い。

左から：エンシェント、モダン、ウエザード・カラー。

　それでは今、どのくらいの数のタータンが市販されているのか？染めの違いも含めると600程度。更に同じタータンでも用途によって布の厚さの違いが加わる。ロッホカーロン織物工場では、生地の厚さを1ヤードの重量で表ふし、以下の量が生産されている。
（カッコ内グラム数は、1メートル当たりの重さ）
- 　　10オンス（150cm 幅：335 g）　　　　　タータン数500以上

「タータンチェック」って、日本語なの？

- 　13 オンス（138cm 幅：415 g）　　　タータン数 210 以上
- 　16 オンス（140cm 幅：500～515 g）　タータン数 580 以上

従ってこの工場が市販用に製造している種類は約 1,300 になる。新しいタータンの登録は、1 週間に平均 5 つと言われ、2012 年 2 月 13 日現在でタータン登記所に登録されている数は、6385 である！

　紋章となると、他人が誰でも気軽に身につけていいのだろうか？　市販されているタータンであれば、特に許可を得る必要はない。許可の必要なものは、一般に売られていないからだ。例えば、スコットランドにある英国王室御用邸バルモラル城の名を取った「バルモラル Balmoral」と呼ばれるタータンは、ロイヤル・ファミリーのプライベートなタータンで、王家の方々しか着用できない。

バルモラル

タータンの語源と歴史

　スコットランドにおけるタータンの歴史は、はっきりとしない。元々ゲール語では breacan feilb（多色の斑点）と言い、「Tartan」という言葉はフランス語の tirtain が語源だと言う。ジェームズ・マッカイ James MacKay 著『Clans & Tartans of Scotland』によると「Tartan」という言葉が初めて記述に現れたのは、ジェームズ 3 世の 1471 年の会計書だと言う。16 世紀になると明らかにタータンの記述が見られる。

　しかし 18 世紀、法的にその使用が禁止された時代がある。正当なスチュワート家の跡取りを王座に戻そうとした「ジャコバイト蜂起」に惨敗したハイランドを弾圧しようと、英国政府はその文化・風習であるタータンやバグパイプなどを禁じ、これに 2 度違反すると 7 年間の流刑という厳しい罪が科された。

　タータンの復活に貢献したのが、スコットランドの文豪ウォルター・スコット。長いことスコットランドを訪れることのなかった国王を、1822 年エディンバラに招いた。ロンドンで余り人気のなかったジョージ 4 世が、昔ながらのハイランドのキルトに身を包ん

スコットランドこぼれ話

だ貴族を始め、スコットランドの人々から大歓迎を受けた。それに涙して感激した王は、「どうしたら自分のこの嬉しい気持ちをスコットランド国民に伝えられるだろうか？」とスコットに相談した。「それなら、是非スチュワート家のタータンを解禁して下さい」と、スコットは願い出た。そのお陰でロイヤル・スチュワート・タータンは、ハイランドの平和を維持していたブラック・ウォッチ連隊のバグパイパーたちに着用が許可され、「パイパーのタータン」と呼ばれるようになった。今、この赤いロイヤル・スチュワートは、世界で一番よく知られているタータンと言えるだろう。

ハイランドの正装で国王を出迎える領主。

キルト Kilt

「タータン」と言えば、「キルト」（スカートと呼ばないで！）。キルトは男性の民族衣装で、本来ハイランド地方でのみ着用されていたものだ。今のキルトは、後ろのプリーツが畳み込んで縫いこまれているが、本来は一枚物の大きな毛布であった。

かつて、家畜を追い立てながら徒歩で何日もかけて家畜市に売りに行っていた頃、夜はこの毛布にくるまって休み朝になると毛布を広げてプリーツに畳み込み、

プリーツを畳み込む。

畳み込んだプリーツの上に寝て前を重ね、ベルトで留める。

「タータンチェック」って、日本語なの？

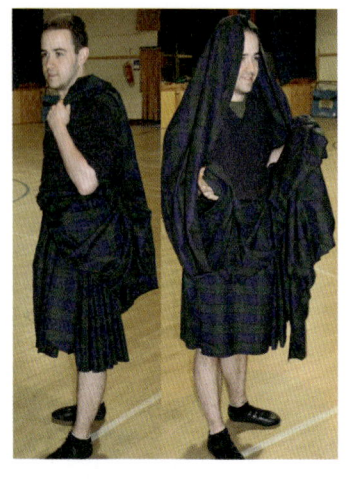

その上に上向きに寝て両端を前で重ね、ベルトで留めた。湿地帯が多いので長さは膝までだ。
立ち上がって、上部の余った生地は、天気が良ければ肩のところで留め、雨だったり寒かったときには、頭からスッポリかぶる便利なものだった。

写真左：通常の着方。
写真右：寒かったり、雨のときの着方。

この一連4枚の「昔のキルトの着用の仕方」の写真撮影提供：芝崎芳朗
（撮影にご協力くださった Andrew, Ian, Grant および Yoshi に謝意を記す。）

　一枚物だった布が、今ではキルトと肩から掛けるプレードに分かれている。これはイングランド人の考案だ。1727年、ハイランド地方のインヴァガリィに、鉄の鋳造所を開設したランカスター州出身のイングランド人トマス・ローリンソンが、雇った地元の労働者たちの服装は仕事に不適当だと気付いた。それでインヴァネスの仕立て屋パーキンソンに依頼し、伝統的な服装を、仕事がし易いようにキルトとプレードに分けたのが始まりと言う。

　さて、キルトの下はどうなっているのか？　スコットランド人にこの質問をすると返答は、
　'Nothing worn.　Everything is in good working order'
つまり「着る wear の過去分詞 worn」と「疲れてやつれた worn」の2語を掛けて、「何も着ていない/疲れてやつれたものは何もない。すべてが良好な可動状態である」と、微妙なことを意味している。実際のところ着物と同じで、本来何も付けていなかった。ブラック・ウォッチ連隊ではそれが奨励されたと言う。医学上、男性が精力的に逞しく、維持力を持つには、絶えず風通しよく冷やすことが重要だとか!?　但しダンスを踊るときには、黒のパンツを履くことが義務付けられていた。今は？　日本の着物と同じ……?!

スコットランドこぼれ話

　元々毛布だったから、ポケットがないので、スポーランと呼ばれるバッグをキルトの前にぶら下げている。昔はこの中に乾パンのような食糧を入れていたが、今ではお金やティッシュを入れている。昔、戦いの時には男性の大切な所を保護したとも言われている。ホーズと呼ばれるハイソックスにスキンドゥという短剣を挿すことがある。これは戦いのためというより食糧を切るのに使われた。

ミリタリープリーツにおける
ボックスプリーツ（上）
ナイフプリーツ（下）

　キルトの後ろは、ナイフプリーツになっている。時代的にはボックスプリーツだったこともあり、布の長さも時代と共に変わってきた。現代のプリーツを全部広げた長さは通常8ヤード（7.2m）。キルトには13オンス又は16オンスの布を使うので、一着の重さが少なくとも2Kgはあり、ずっしりと重い。後ろのプリーツは前部分と同じタータンの「セット」に折り込まれているのが一般的である。しかし、軍服としてのキルトでは通常、タータンの縦の一色をプリーツ毎に出す「ミリタリープリーツ」に折り込まれ、それが行進の時に揺れて美しい。

スコットランドの象徴

　キルトは、本来ハイランドの服装だったので、50〜60年ぐらい前のローランド地方では着ている人がいなかった。しかし今では、結婚式とかサッカーやラグビーの応援の時など、「スコットランドの象徴」として着られている。

　若者は新しいキルトのファッションを生み出し、かっこよく颯爽[さっそう]と着こなしている。キルトは、着物と同様に時代と共に生きている。

最近の若者のファッション

「タータンチェック」って、日本語なの？

男性は成人となる21歳の誕生日にキルト、ジャケット、スポーラン等を親や親戚から贈られ一式を整える。

一着のキルトでもジャケット次第で、カジュアルとフォーマル、昼夜の着分けができる。日本ではカジュアルか正装かは、昼夜の時間にかかわらず、その目的で決まる。しかしこの国では時間帯で決まり、女王様との謁見と言えども昼間であれば、写真右上の**アーガイル・ジャケット**が日中の正装で、カジュアルなら写真左上の**ツイード**のジャケットとなる。この場合のスポーランは革製又は革で縁取りした毛皮、靴下は無地。夜でもカジュアルの度合いで着用が可能である。

夜の正装はその場の格式により、招待状に「黒の蝶ネクタイ」または「白の蝶ネクタイ」と指示がある。写真左下に**プリンス・チャーリー**とその右に**モントローズ**のジャケット例を紹介する。これ以外にも時代と流行でいくつかのスタイルがある。スポーランは毛皮製で、靴下はタータンまたはアーガイル柄、蝶ネクタイかレースのジャボゥとなる。

上：カジュアル　　上：昼の正装
下：夜正装例1　　下：夜正装例2

写真提供：キンロッホ・アンダソン　Kinloch Anderson*

海外でキルトを着ていると、「オッ、お前はスコットランド人か！」と歓迎される。イングランド人ではなく、スコットランド人であることの象徴でもあり、誇りでもある。

*タータンの写真撮影に当たり、英国王室御用達の老舗**キンロッホ・アンダソン**（Edinburgh）に多大なご協力を賜った。ここで特に謝意を表す。

スコットランドこぼれ話

スコットランドの踊りは、社交ダンス！

世界のそれぞれの国には独自のフォークダンスがある。スコットランドにも特有の踊りがあり、見せるための「ハイランドダンス Highland Dance」と、踊り手が楽しむための「カントリーダンス Country Dance」に大別され、日本舞踊と盆踊りの関係に似ている。

カントリーダンス

フォークダンス Folk Dance は「民衆 folk の踊り」であって、一般的には貴族や上流階級のものではない。ところがこの国の踊りは、女王様をはじめとして貴族や上流階級の方々も盛んに踊る「社交を目的とするダンス Social Dance」である。

スコティッシュ・カントリーダンス

カントリーダンスの歴史は定かではないが、16 世紀の「悲劇の女王」と呼ばれるメアリ・スチュワートにさかのぼると言われている。メアリが未亡人としてフランスから帰国したときに持ち帰った「フランス宮廷舞踊」の影響だというのが通説である。

スコットランドの踊りは、社交ダンス！

踊りの仕組み
　一回毎の踊りはほとんどが32小節であるが、それより短いものも長いものもある。これが通常8回繰り返される。

　踊りの隊形は、それぞれ男性が女性を誘ってパートナーを組み、お互いが向かい合って二列縦隊に並ぶ。通常4カップル（組）で「セット」と呼ばれるグループとなる。音楽が始まると、そのセット毎に演奏者に近いトップの組から踊り出し、1回踊りが終わる度に踊り始めた位置から1つ下がった位置に降りて行く。そのセットの中の他の組は、逆に1つずつトップに向かって上がって行き、トップに到達すると最初の組と同様1つずつ降りて行くので、最終的には全員がダンスを始めた位置に戻る……という幾何学的パズルのような踊りである。
　場合によってはスクエアの隊形で踊ることもあるし、大きな円を作りその円周上を、一つの組は時計回りに、向かい合った組は反時計回りに、最初に向いた方向へ踊り進む場合もある。

　たまたま同じセットになった人達と、決められた動きに従って踊っている間に、手を取り合ったり挨拶を交し合いながらみんなで協力し合って踊りを完成させるので、自然と社交が生まれる。

　ヨーロッパでワルツやポルカが流行すれば、スコットランド人は許容性があるから、こういった流行も自分達の踊りに取り込んでしまう。カントリーダンスは、時代と共に生きている。

ハイランドダンス
　18世紀中頃から19世紀にわたって、舞踏会などのためにダンス教師がお屋敷を回りダンスのレッスンを行った。貧しい農家や一般庶民でもご近所同士お金を出し合ってダンス教師を雇ったり、ダンススクールに通うなどしてレッスンを受けた。習うダンスの中に、ソロまたは2人から4人で踊られ、足さばきの技術を必要とする種類のダンスがあり、これらはお屋敷に集まったお客様のために、あるいは舞踏会の踊りの合間にエンターテイメントとして披露された。この種のダンスを総括して「ハイランドダンス」と呼ぶ。

スコットランドこぼれ話

ハイランドダンスの起源は、スコットランドを統一したマルコム3世が、敵であるマクベスを破った11世紀の戦いにさかのぼるとか……?! 倒した相手の剣と自分の剣を交差させて踊ったというのだ! それ以来出陣する前に、剣に触れずにこの「剣の舞 Sword Dance」を踊りきることができれば幸運だ……という伝説が生まれたようだ。この「ソード・ダンス」が、ハイランドダンスに発展していったと言われている。

社交としてのダンス

貴族のお屋敷や宮殿には、ホテルのようにたくさんの部屋がある。これは親類や友人達を招いて週末を共に過ごしたからで、例えば昼間は彼らのスポーツの一つである「狩り」に出かけ、夜は皆で踊りを楽しむという具合だった。

ソード・ダンス
写真撮影提供:芝崎芳朗

ディナーが終わると、女性達はダイニングルームから引き上げ、ドローイングルーム Drawing Room でくつろぎ、女性同士の会話を楽しんだ。男性軍はそのままダイニングルームに残り、嗅ぎたばこを嗜[たしな]み、食後酒を飲みながら男同士の会話に花を咲かせた。夜が更けてくると、フィドラー Fiddler と呼ばれる民族楽器としてのヴァイオリン弾きが演奏を始め、男性達もドローイングルームに合流して皆でカントリーダンスを踊り、楽しんだ。

現女王陛下のご母堂エリザベス皇太后様が、まだ90歳代の中程だった頃の話である。ディナーにご招待されたお客達が「そろそろ夜も更けて参りましたので……」と暇[いとま]を告げようとしたところ、皇太后様は「マァ! まだ**エイトサム・リール** The Eightsome Reel を踊っていないからお帰りになるのは早いわ!」とおっしゃったそうである。

スコットランドの踊りは、社交ダンス！

エイトサム・リール　写真撮影提供：K. ブライス・モリソン K. Bryce Morrison

　今でもカントリーダンスは、結婚式や成人の誕生日（英国では 21 歳）、新年を迎える大晦日「ホグマニィー Hogmanay」のパーティーなどで一般的に踊られる。

　ディナーダンスや舞踏会も一年を通して行われている。上流階級ではこのようなダンスの機会が、男女の出会いや友人達との重要な交流の場ともなっている。

　カントリーダンスの幾何学的な動きをダンス毎にすべて記憶するのは大変なので、最近では踊り方をその場で説明してくれる「コーラー Caller」がいて、簡単に楽しめる「ケィリーダンス Ceilidh dance」が特に若者の間で流行っている。

　エリザベス女王が名誉総裁を務められるロイヤル・スコティッシュ・カントリーダンス協会 The Royal Scottish Country Dance Society（www.rscds.org）は、1923 年カントリーダンスの保存と発展を目的に発足され、東京、埼玉、東海にも支部があり、日本全国で多数のグループが活動しているので、一度試されてみては……？

スコットランドこぼれ話

スコットランドの結婚式はバグパイパー付き

教会で式が終わると……

一般に「スコットランドの結婚式」といえば、新郎や出席する男性はキルト姿が定番である。教会で式を挙げ、晴れて新郎新婦が夫婦として教会から出てくる時は、バグパイプの演奏で二人の結婚を祝福するのが習慣だ。

ここで子供たちが花嫁に「グッドラック」の象徴をプレゼントする。白いヘザー Heather（日本語でいうヒース）だったり、馬蹄やしゃもじ、煙突掃除のグッドラック・チャームなどである。

新婚のカップルが車に乗って出発する寸前、花婿が車の窓から子供たちへ小銭をばらまく……という習慣が今でも時々見られる。

この車の前を黒い猫が横切ってくれれば、言うことなしの幸運オンパレードとなる。

ダンスパーティ

式の後、写真撮影を行い、披露宴でのケーキカット、会食にスピーチ……というのは世界どこでも同じようなものだろう。

バグパイプの演奏に迎えられて。教会から出てきた花婿と花嫁。

教会から出てきた花嫁に贈られるグッドラック・チャーム。左から、しゃもじ、馬蹄、白と紫のヘザーの花輪、馬蹄、煙突掃除夫。

スコットランドの結婚式はバグパイパー付き

　しかしスコットランドでの違いは、夜7時頃からみんなで踊りを楽しむパーティーとなることだろう。このダンスはディスコになることもあるが、伝統的にはほとんどの場合がスコティッシュ・カントリーダンスである。

　貴族の結婚式では、よく新郎新婦のそれぞれの「家」から4カップルずつが出て、8カップルでスクエアとなり、スコティッシュ・カントリーダンスの一つである**シックスティーンサム・リール** Sixteensome Reel を踊って「両家の結婚」を祝うこともある。

　この夜のダンスパーティーでは、昼間の披露宴に招待できなかった会社の同僚や学生時代の友人達を招く。日本でも2次会や3次会などと称し、友人達と共に祝うのに似ていると言えよう。
　9時半頃になるとサンドイッチやソーセージ・ロール（ソーセージのパイ皮巻き）、キッシュ等の軽食、そして切り分けられたウエディングケーキが出される。

結婚式の夜のダンスパーティで出される軽食。

ウエディングケーキ

　このケーキは低い温度で何時間もかけて焼かれたフルーツケーキで、ブランディが浸み込ませてあり、何週間か日を置いた方がおいしくなる。焼いたケーキの周りに繋ぎとして溶かしたゼリーまたはアプリコットジャムを塗り、アーモンドの粉と粉砂糖、卵白を混ぜたマジパンという練り粉で覆う。その上にお酒のジンを塗り、粉砂糖と卵白を練ったアイシィングで覆ってデコレーションを施す。

スコットランドこぼれ話

ウエディングケーキは通常三段重ねで、その一番上の段は最初の子供の洗礼式まで取って置く習慣がある。子宝になかなか恵まれず、ようやく7年目に最初の子供の洗礼式を迎えたご夫婦が、それまで大切に取って置いたケーキでお祝いした……という話もあるぐらい、このケーキは長持ちする。但し、さすがにケーキの表面を覆うマジパンとアイシィングのデコレーションだけは、やり替えたそうだ。

結婚式の費用

伝統的には新婦の親が全ての費用を負担するのが習慣。新婦が洗礼を受けた教会で式を執り行う。娘がたくさんいる親は大変だ！

ウエディングケーキ

写真撮影提供：モラーグ・フェアヘッド
Morag Fairhead

お祝いは……？

新郎新婦が自分達の欲しい品物を、メーカーや商品番号などと共に具体的なリストにして事前にデパートに登録しておく。披露宴や夜のダンスパーティーに招待された人はもちろん、招かれてはいなくてもお祝いを贈りたければ、そのデパートに行き、指定されたリストの中から自分の予算に合った品物を選んで贈る。お皿1枚でもいいし、電化製品や家具でもいい。この方法だと、新郎新婦側では欲しいものが確実に揃うので、無駄がない。

あるカップルは既に同棲していて、必要な品は全て揃っているから、お祝いはハネムーンの費用が欲しいというのもあった。この時は指定された旅行会社の金券を贈った。

お祝いに対してのお返しは、お礼状と切り分けた小さなウエディングケーキだけである。無駄を好まず、合理的なお国柄である。

スコットランドこぼれ話

バグパイプ *Bagpipe*

　バッグに空気を溜め、管 *pipe* で演奏するので、単純にバッグ・パイプ *Bag pipe* と呼ばれている。その原点は明確ではないが、元々は中近東辺りのものと考えられている。グラタン・フラッド *Wm. H. Grattan Flood* 著の『ザ・ストーリー・オブ・ザ・バグパイプ *The Story of the Bagpipe*』によれば、紀元 105 年頃に書かれたギリシア詩集『エピグラム *Epigram*』がバグパイプの最古の記述だという。中近東やヨーロッパの各地を旅行すると、今でもあちこちで色々な種類のバグパイプを見かけることができる。英国には、ローマ人が持ち込んだという説が有力だ。

バグパイパー
写真撮影提供：アレスター・ウォーカー　*Alastair Walker*

　しかし今「バグパイプ」と聞いて思い浮かぶのは、たぶんキルト姿で演奏するバグパイパーだろう。スコットランドとは切っても切り離せないイメージがある。

　しかしスコットランドのバグパイプと言っても、ハイランドとローランドのものがあり、後者には空気をバッグに送る方法が口から吹き込むタイプとフイゴを使って送り込むタイプに分かれる。但し、これらはハイランドのものほど広く演奏されてはいない。一般的に知られているのはハイランドのものである。

　そのハイランドのバグパイプは、かつて軍隊が戦いの時や行進で兵士の意気を高揚させるための先導に用いたため、「グレート・ハイランド・ウォー・パイプ *Great Highland War Pipe*」と呼ばれていた。

バグパイプ Bagpipe

演奏方法が発達したハイランドのバグパイプ

　スコットランドのローランド地方、イングランドのノーサンバランド地方、ヨーロッパ、アイルランドなどで使われているバグパイプは、長い年月の間に楽器自体が発達した。これに対してハイランドのバグパイプは、今でも9音しか出ない原型のままの楽器で、演奏方法そのものが発達した。

　演奏は、バッグの下方についている**チャンター**と呼ばれるリード楽器で行う。いつでも剣や銃が使えるように、左手が高音を受け持つと同時にバッグを抱え、チャンターを支えているので右手が自由になる。バッグの上方には、常に通奏低音が出る筒状の**ドローン**が伸びており、長いのがベース、短い2本は1オクターブ上のテナーである。

　まず**ブロースティック**から空気を送りこんでバッグに空気を一杯に満たし、抱えている左腕で空気を押し出して、音を出す。その空気はチャンターとドローンへ送りこまれて音が出る。バッグを常に空気で満たしていないと音程が一定にならないので、音は出っ放しとなる。つまりバグパイプの演奏では休止符ができな

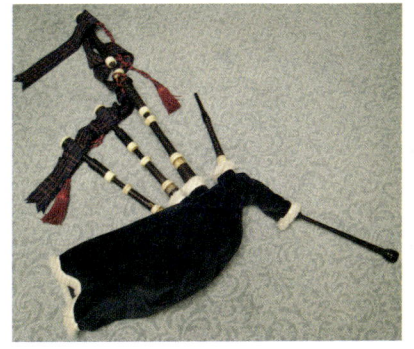

バグパイプ

いことになる。同様に2つ同じ音が並んだ場合でも、それが「2つ」の音であるという区別がつけられない。その違いを表現するために装飾音を入れる。それは1音の場合もあれば、数音になることもある。バグパイプの古典「ピーブロッホ Pibroch（ゲール語では Piobaireachd）」になると、1つの音符と次の音符の間に装飾音が7音ということもある。指を非常に速く動かす必要があるため、指を丸めずに真っ直ぐ伸ばしたままで演奏する。

　バグパイプが一人前に演奏できるようになるのには、どのくらい

スコットランドこぼれ話

かかるのだろうか？ 「まぁ7年というところかなぁ、もしあなたの先祖が七代続いたバグパイパーの一家であれば!」と言われるぐらい難しい楽器……とユーモアをこめて言われている。

　まず最初に練習用チャンターで、基本的な装飾音の演奏方法をマスターしたら、次に曲を数曲暗記しなければならない。戦場におもむくための先導として演奏した訳だから、吹奏楽団のように楽譜を見ながらという訳にはいかない。それでようやくバグパイプを手にすることができるのだが、バッグには口から定期的に空気を吹き込み、脇の下に抱えているバッグを左腕で定期的に押してバッグ内の空気を押し出しながら、チャンターを演奏する、という全く異なる動作を同時に行なわなければならない。更に行進も加わるので、これら4つのの動作を習得するだけでも大変である。

バグパイプ・バンド

　スコットランドには、バグパイプ・バンドが村毎にあると言っても過言ではないだろう。一人前になるのは大変だが、子供たちもチャンターに指が届くようになる小学校上級ぐらいから習い始め、希望者の数は益々増えて盛んである。

　スコットランドの軍隊が駐留したパキスタンでは、バグパイプが国を代表する楽器となっている。また大勢のスコットランド人が移民したアメリカ、カナダ、ニュージーランド、オーストラリアにも、たくさんのバグパイプ・バンドがあり、ハイランド・ゲームズやコンペなどでその演奏を競い合っている。日本にも東京や大阪などに幾つかのバグパイプ・バンドがあり、個人で演奏を楽しんでいる方々もいらっしゃる。

バグパイプ・バンド

スコットランドこぼれ話

スコットランドの貴族

今でも英国では王室を始め、貴族、領主、大地主が歴然と存在していて、所有する農牧地を小作に貸したり、領民を代々直接雇って管理させたりしている。林業や鉱山を所有していることもあるし、彼らが住んでいる城や屋敷などを一般に公開していることもある。

いまだに荘園制度?!

例えば、領地内の一部の土地を購入したとしよう。土地の大小にかかわらず、その契約書の中に「もし領主から要望があった時は、一年に1ペンスを支払わなければならない」という項目が記載されていることがある。つまり表面の土地は購入できるが完璧に自分の物となる訳ではなく、万が一地下に鉱山や石油などが見つかった場合それは領主に帰属し、土地購入者の所有にはならないこと意味する古い慣習が未だに残っているのだ。

領主と領民の関係

スコットランドには、戦後日本に駐留した「マッカーサー MacArthur」やハンバーグで有名な「マクドナルド MacDonald」など**マック**で始まる苗字が多い。これは**子孫**や**分家**を意味するケルト語で、家族としての連帯を意味する。親が子供の面倒をみたり、本家が分家の面倒をみるのと同様、領主は領民を家族として守る習わしであった。13世紀末、一時的にイングランドの占領を受けた以外、スコットランドはどこからも占領されたことがない。従って今でも領主が領民を守るこのケルトの習慣が受け継がれている。

昭和天皇がまだ皇太子の大正10年、日本の皇室として初めて洋行された際、ハイランドにあるブレア城に3日間滞在された。アソル Atholl 公爵に領地を案内された折、公爵が領民一人一人と親しく話され、気遣われる様子をご覧になり、いたく感激されたそうだ。

スコットランドとイングランドの境目「ボーダー地方」に広大な領地を持つバクルー Buccleuch 公爵ご夫妻が、金婚式を迎えられた

スコットランドの貴族

時のこと。ご夫妻は、他の貴族を招かれてパーティをされるのではなく、「ここまで来られたのも領民のお陰……」と、領民800人をお屋敷に招いて50年の節目を領民と共に祝われた。

お歳暮？

　クリスマスの時期にはこの国でも、日本のお歳暮のように、いつもお世話になっている方々へ贈り物をする習慣がある。しかし、日本と違うのは目上の方へ贈るというより、いつも配達をしてくれる郵便屋さんとか、ゴミの収集員、学校の用務員さん、お世話になっているご近所などへ、感謝を込めた「気持ち」を贈る。チップの考え方も、このような気持ちからきているのだろう。我が領主殿からも毎年、領地内で射止められたキジ一対がクリスマス前に届けられ、その心遣いに嬉しい思いをしている。

チャリティー

　王室や貴族の方々は、チャリティーのためにも活躍されている。例えば、日本でも知られるようになったナショナル・トラスト *National Trust* は、全く国からの援助を受けずに、会費や寄付、ボランティア活動などで、歴史や環境上重要な遺産の保存に努めている。

　また、英国は海に囲まれた島国なので海難事故も多い。その救助活動にも国からの援助がなく、特別に訓練を受けたボランティアの救助員が自らの命をかけて任務に当たる全国規模の海難救助隊 *The Royal National Lifeboat Institution* が遂行している。

　女王様始め、王家や貴族の方々は、これらのチャリティー団体の名誉総裁を務めることで、彼らの活動をサポートされている。

　彼らは団体を維持する資金集めに貢献されることもある。王家の方が出席されるチャリティー舞踏会ともなれば、高額チケットで高収益を上げることができる。このような舞踏会で踊られるのもスコティッシュ・カントリーダンスであり、チャリティーへも貢献しているとも言える。

チャリティー舞踏会で、寄付金のための福引を買うアソル公爵。

スコットランドこぼれ話

紅茶よもやま話

ミルクティー

　日本で「ロイヤル・ミルクティー」と呼ばれる、紅茶とミルクを一緒に煮たものをご馳走になって驚いた。「ミルクティー」を想像していたからだ。英国では「ティー・ウィズ・ミルク Tea with milk」と言って、冷たいミルクを使う。紅茶はグラグラに沸湯した熱湯を、温めたティーポットに注いでいれる。

　よく日本の方に尋ねられるのが、「ミルクは、先にカップに注ぐのか、後なのか？」

　そこで、マナーに詳しいスコットランド人の70歳代の女性に伺ってみた。その答えは「正しくはカップに紅茶を注いで、ミルクのジャグと砂糖壺[つぼ]を添えて出すのよ」であった。その理由は人によってミルクを入れる量が異なるから。しかしアフタヌーンティーで有名なロンドンのリッツホテルの本を読むと、「ミルクを入れてから、紅茶を注ぐ……」と書かれている?!

　英国の紅茶は、1661年にチャールズ1世と結婚したブラガンザ王朝キャサリンが嫁入り支度[したく]と共にポルトガルから大きな茶箱を持参し、紅茶を飲む習慣を広めたと言われている。しかしお茶はすでにエリザベス1世時代に東インド会社を通して知られていたようで、中国・日本に発する長い歴史があり、紅茶茶碗も飲み方も時代と共に変わってきたようだ。ではどちらが正しいのか？というより、ミルクを先に入れる場合と後に入れる場合の理由を探ってみたい。

ミルクティー

紅茶よもやま話

紅茶が先か？　ミルクが先か？
先にミルクをカップに入れる派では、次の理由が挙げられよう：
冷たいミルクが先に入っているため，熱々の紅茶を注いでも温度が下がり、茶器が割れない。

- ティーバッグではなく紅茶の葉を使った場合、ポットからカップに注いだときにミルクが葉に絡まりつき重くなるため、葉が底に沈み表面に浮かばず、飲みやすい。
- ミルクが熱い紅茶で料理され、味に円みがでる。
- ミルクで器の内側に膜ができ、茶渋が付きにくい。
- ミルクに紅茶を注ぐと自然に撹拌[かくはん]され、スプーンでかき混ぜる必要がない。

後からミルクを入れる派には、次の理由が考えられよう：

- お茶は本来「薬」として輸入されたので、その苦味を尊重した場合、ミルクを先に入れてしまうと味が円くなり、せっかくの滋味が損なわれてしまう。
- 安い陶器に、熱湯で入れた紅茶を先に注ぐとカップが割れてしまうことがある。実は私にも経験がある。陶器のカップが見事に真っ二つに割れたのだ。磁器がイギリスで製造されるようになる18世紀まで、茶器はお茶と共に中国や日本から輸入されていた。国内で磁器が作られるようになっても、磁器が買えたのは金持ちだけだった。熱湯で入れた紅茶でも割れない「磁器」を使っていることを自慢したいのかもしれない。

紅茶は高級品だった！
　この国に紅茶が入ってきた当初は、コーヒーよりもはるかに値段が高く、お茶をしまっておく箱には鍵がかかるようになっていた。

　ロマン派を代表し、『水仙 Daffodils』の詩で知られるワーズワース Wordsworth（1770－1850）が、北イングランドの湖水地方にあるダヴ・コテージ Dove Cottage に居を定め、「簡素な生活をしながら、思想は孤高に Plain living and high thinking!」をモットーに詩作

スコットランドこぼれ話

活動をしていた時、同じ紅茶の葉を3回も、使っては乾燥させて大切に使い回していたという話が残っている。

　紅茶は、上流階級の嗜好品[しこうひん]であった。豊かで時間もあり、使用人も多く使っていた時代だから、自分で食器を洗うことはあり得なかった。当然磁器のティーカップを使い、渋みのある高級茶特有の味を堪能し、ゆっくりとスプーンを使ってかき混ぜる時間があった。だからミルクを先に入れる必要がなかったと言えよう。

　しかしその後時代が進み、様子が変っていったようだ。ご実家がチャールズ皇太子妃カメラ・パーカー・ボォルズさんのお隣という領主の家に生まれた方に、ミルクを先に入れるかどうか伺ったことがある。答えは、「サートンリィ Certainly!」と返ってきた。何でそんなことを聞くの？　当たり前でしょ!?　という驚きの響きが感じられた。そこで、今60歳代、70歳代のいわゆる「良いとこ出」のスコットランド人の方々を観察してみた。

スチュワート家の例

　中産階級よりはちょっと上のスチュワート家でも、確かにミルクを先に入れる。話は脱線するが、このお宅のご主人が、我が家で丁度コーヒーを飲んでいるときに来られた。当然コーヒーをいれ、缶に入ったビスケットを勧めたら、「我が家ではキッチンでビスケットを食べる時でも、ちゃんと皿に乗せて出す」と、驚かれたことがある。ミルクはミルクジャグに移して使うのが当たり前だし、暑いからといってディナーの席で背広を脱ぐことなど考えもしない。彼の常識の中に「背広を脱ぐ事が許される」という意識は存在しないのだ。近所に新聞を買いに行くだけでも、彼はきちんとネクタイを締めて出かける。今でもヴィクトリア時代を彷彿[ほうふつ]とさせる「ジェントルマン」である。

　このスチュワート家では、4時がアフタヌーンティーと決まっている。もちろん出されるものはすべて手作りだし、器も磁器だ。紅茶は奥様がご自分でブレンドされる。手刺繍の施されたトレイクロス Tray cloth と呼ばれる布を掛けたティートローリー Tea trolley に

ティーセットと、スコーンとかケーキが乗せられて運ばれてくる。そして「ミルクとシュガーは？」と尋ねられ、「ミルクだけお願いします」と頼むと、まずミルクを入れそこに紅茶を注いで渡してくれる。こちらで好きにミルクや砂糖を入れないのだ。かつて紅茶はとても貴重で高価なものだったから、メイドではなく女主人が「給仕」をするという習慣が今に至っているということらしい。

貴族のお宅では……？

　貴族の方々との交流がある方にも伺ってみた。エディンバラ郊外に住む公爵ご夫妻や、インヴァネス州の領主との経験を話して下さった。家族で紅茶を頂くときは、やはりミルクが先だったそうだ。子供の頃から、そしてイートン校やオックスフォードの学生時代でも「それが習慣だった」と、その領主は仰ったそうである。

　貴族のお屋敷で秘書の仕事をする中年のご婦人も、やはりミルクを先に入れていた。

今はティーバッグの時代？

　前述のマナーに詳しい友人が、「最近はマナー通りではなくなっている。例えば、初対面の挨拶は『ハウ・ドゥ・ユー・ドゥ How do you do?』と尋ねるべきだが、近頃は『お会いできて嬉しいです I am pleased to meet you』と言う人が増えている」と付け加えた。時代と共にマナーも変わってきているのだろう。しかも近年ではティーバッグを使う方が一般的でもある。そうなると、スコットランドの一般の方からは、「どっちでもいいのでは……？」と言う声が聞こえてきそうだ。

　面白い話を聞いたのでご紹介しよう。これは20年以上前のことだったらしいが、テレビのアンケート調査で「紅茶にミルクを後から入れるのがアッパークラス」という報道が流れた途端、それまで先にミルクを入れていた会社の同僚達が、急に皆ミルクを後から入れるようになった……というのだ！　最近、同じような番組が放送された。今回は「上下お揃[そろ]いの下着」を身に着けるのが上のクラスだとか。下着専門店の売り上げが伸びそうだ!?

スコットランドこぼれ話

アフタヌーンティーとハイティー

　これには階級の違いがある。「アフタヌーンティー」を頂く方々というのは、午後1時に昼食を取り、ディナーは夜の7時から8時頃。それではお腹が空くので、午後3時から5時の間ぐらいにアフタヌーンティーが必要となる。

ハイティー
　上記に対して、労働者階級や農牧業に携わる方達、および職人さん達が「ディナー」と言うと昼食を意味し、一日の中心の食事として12時に食べる。彼らは朝8時から働き始めるからだ。そして彼らの夕食は「ハイティー」または簡単に「ティー」と言い、夕方5時から6時頃に前菜などがないメインコース中心の簡単な食事である。

　ハイティーの内容は、バターを塗った食パンとシンプルな一品、そしてスコーンまたはケーキが紅茶と共に出てくる。シンプルな一品とは、フィッシュ・アンド・チップス（タラなど白身の魚に衣をつけて揚げたものとフレンチポテト）だったり、ソーセージとベーコンを焼いたもの、マカロニ・アンド・チーズ（マカロニグラタンのようなもの）、トーストにスクランブルエッグを乗せたもの等である。

　この「ハイ」というのは、低いソファに座って頂くアフタヌー

フィッシュ・アンド・チップスのハイティー

アフタヌーンティーとハイティー

ンティーに対し、食卓について「ティー」つまり夕食を頂くので、座るイスの高さが高い「ハイ high」ということに由来する。

レストランで「ハイティー」が食べられる時間は、ディナーの前の夕方 5~7 時ぐらいが一般的。エディンバラだと、ウォルター・スコット記念碑に近い、ロイヤル・ブリティッシュ・ホテル The Royal British Hotel がお勧めである（2012 年の料金：£11.25）。

アフタヌーンティー

アフタヌーンティーは、1840 年代ベッドフォード公爵夫人アンナ・マリア Anna Maria が 5 時に茶道具一式を自室に持ってこさせてお茶を入れ、バターを塗ったパンと共に頂いた事から始まったと言われる。それがヴィクトリア時代になると、友人を招いて社交を楽しむ上流社会の習慣として広まった。

現在、アフタヌーンティーと言うと、サンドイッチ、スコーン、パンケーキ、更にケーキなどがセットになったものが一般的である。

エリザベス女王のエディンバラにある公邸ホリルード宮殿 Palace of Holyroodhouse で、毎年 7 月初めに催される女王殿下のガーデンパーティー（園遊会）でも、一口サイズで上品に並べられたアフタヌーンティーのおもてなしがある。

三段重ねのケーキスタンド
写真提供：バルモラルホテル Balmoral Hotel

スコットランドこぼれ話

　ホテルなどでこのアフタヌーンティーを注文すると、三段重ねで出てくることが多い。かつては、この「三段重ね」が一般的だったが、時代と共にかなり下火になっていた。それがまた復活してきている。三段重ねの下段にはサンドイッチ、中段がスコーンやパンケーキ、上段にはケーキ類と、順に盛り付けてあり、下から順番に頂くのが習慣である。

　最初は、サンドイッチ。種類としてはきゅうりの薄切り、スモークサーモン、ローストビーフ、チキン、ハム、ツナ、チェダーチーズ、卵のマヨネーズ和えなど様々である。
　次はスコーン。この食べ方は、水平（横切り）にナイフを入れて2つに分ける。それぞれにバターとジャムを塗るのがスコットランドの伝統である。時としては、これに泡立てた生クリームまたはデボン州名物のこってり

昔のケーキスタンド

としたクロテッドクリーム Clotted cream をのせて頂くこともある。パンケーキは、日本のホットケーキの小型判だが、温かくないのが普通。これにも、やはりバター、ジャム、好みでホイップしたクリームをのせて頂く。

　最後はケーキ類。生クリームを使用したケーキ、しっとりと重厚なフルーツケーキ、夏だとイチゴのタルトなど。また、スコットランドの名産「ショートブレッド」が出てくることもある。

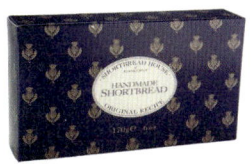

写真提供：ショートブレッド・ハウス・オブ・エディンバラ
Shortbread House of Edinburgh

　このショートブレッドは、ブレッドと言ってもパンではなく、バターをたっぷりと使ったビスケットである。赤いタータン柄でお馴染みの「ウォーカーズ Walkers」のショートブレッドは、世界中に広く輸出されていて日本でも購入できる。せっかくスコットランドを訪れたのなら、ここでしか買え

アフタヌーンティーとハイティー

ない紺地に金色のアザミ柄の箱入りで、手焼きで有名な「ショートブレッド・ハウス・オブ・エディンバラ Shortbread House of Edinburgh」とか、ブルーのタータン柄の「ディーンズ Dean's」などをお土産にされてはどうだろうか？

写真提供：ディーンズ Dean's

さて、アフタヌーンティーの値段だが、有名なエディンバラのバルモラルホテル（12-5pm）で£23、ロンドンのリッツホテルになると£42（共に2012年の料金）である。

クリームティー

旅行に来られた方で、チョットばかり雰囲気を……という皆様には「クリームティー Cream Tea」をお勧めする。これは紅茶とスコーンのセットで、その名前の通りクリームまたはクロテッドクリームが付いてくる。スコーンが結構大きめなので、これだけでかなりの量と感じられるかもしれない。

アフタヌーンティーやクリームティーを召し上がりながら、社交を楽しむエレガントで洗練された雰囲気と、ゆったりとした時間に思いを馳せてみられては……？

ジャムとクリーム付きスコーンと紅茶セットのクリームティー。

スコットランドこぼれ話

社 交

　この国、特にミドルクラス以上になると、お互いの交流の輪という意味で「社交」が重んじられる。その一つとしてよく友人知人を食事やパーティなどに招く。日本ではお呼ばれしたら指定された時間に遅れないことが礼儀。しかしこの国の招待には「7:30 for 8」といった時間の指定があり、8時に食事なので7時半からどうぞお越し下さい……ということを意味する。お互いに挨拶をし合い、食事中の会話をより盛り上げるための導入時間だが、招待側の準備も考慮して、7時半をほんのちょっと過ぎて到着するのが好ましい。

スチュワート家へディナーのご招待
　先に触れたスチュワート家にディナーのお呼ばれをした経験をご紹介しよう。先ず1階の居間に通されて食前酒とカナッペやおつまみが出され、招待主や他の招待客とひとしきり挨拶が交わされる。
　食事の時間になるとダイニングルームに案内される。奥様がそれぞれの座る席を指定する。この座席順番が重要だ。夫婦同士は離され、男女が交互に座るように配置される。よくしゃべる方とかあまりしゃべらない方とか、お客同士知らない場合もあるので、皆が楽しめ座が沸くようによく考慮されている。
　ディナーは3から4コースが一般的で、前菜またはスープ、メインコース、チーズとクラッカーに果物のブドウ、最後にデザートと続く。デザートは2種類用意されている。男性もこれは別腹で楽しみにしているので手が抜けない。最後に食後酒が振る舞われる。
　食事が終わると今度は2階の居間に場を変えて、コーヒーか紅茶、そしてチョコレートとなる。おもしろいのが、コーヒーだと本人の前でミルクと砂糖を入れてくれる。ところが紅茶だと、ミルクに紅茶を注いで持って来てくれる。それが習慣なのだ。またそれを頑として変えないのが、スコットランド人らしいと言えよう。

「モーニングコーヒー」と「プリディナー・ドリンク」
　知り合いになって間もないが、もう少し「お近づきになりたい」という場合、食事だと仰々しくなるので、午前の「コーヒー」ある

いは夕食前の飲み物「プリディナー・ドリンク Pre-Dinner Drink」に招くこともある。こういうときには1時間ぐらいが目安となる。

社交での会話は……

　スコットランドの冬は夜が長い。この時期、お互い招いたり、招かれたり……と社交になかなか忙しい。招待は夫婦単位である。独身者でも親しく付き合っているパートナーがいれば、カップルとして招かれる。招待するときは、数組を招くことが多い。招待主の友人であっても、招かれた側では知らない同士ということもありえる。知らない同士であってもお互いが積極的に会話を楽しむ。

　このようなときの話のきっかけとしては、天気の話から始めるのが無難である。幸い（？）スコットランドは天気が変わりやすく、「一日のうちに四季がある」と言われるぐらいで、話題にしやすい。そこからお互いに自己紹介をし合いながら話を進めていく。
　または明らかな話のきっかけを見つけるのも良い。私は日本人だからよく日本のことを聞かれる。でもこれは社交辞令的な「話のきっかけ」なので、本気で論説しては相手に飽きられかねない。

　食事前の社交では、同じ人とばかり話をするのではなく、いろいろな方々に挨拶をして回る。そのためには、座ってしまうと移動しにくいので「立ち話」をする。よく宮殿や城の見学で、イスが壁に沿って置かれ、中央が広く空けられた部屋を見ることがある。これは「プロムナード promenade」と呼ばれる社交の伝統的な習慣で、移動しながらいろいろな人と話をしたからである。

　私たち夫婦が100人ぐらいのランチ・パーティーに招かれた時、知り合いが他にいないのを内心不安に思っていたのだが、招待主はそれを心得ていて、「日本に興味のある方がいらっしゃるから、是非紹介したいのよ」とその方たちのところへ案内して下さった。

　招く時には、それぞれの方に心配りをすることも招待主の役割となる。また招かれた方も、お互いにおしゃべりを楽しみ積極的に交流の幅を広げて場を盛りあげパーティを成功させる一端を担う。

スコットランドこぼれ話

　結婚した時夫から頼まれたことは、「いつ人が訪ねて来てもいいように、ケーキとビスケットは欠かさないでくれ」であった。そこで最も一般的なスコーンとショートブレッドのレシピをご紹介したい。

スコーン

材料：バター又はマーガリン　　40g
　　　小麦粉　　　　　　　　　160g
　　　ベーキング・パウダー　　小匙1
　　　グラニュー糖　　　　　　20g
　　　塩　　　　　　　　　　　小匙1/2
　　　溶き卵　　　　　　　　　1個分
　　　ミルク　　　　　　　　　適量(60cc位)

焼きたてのスコーン

作り方：1) 小麦粉とバターをパラパラになるよう手早く混ぜる。
　　　　2) 更に砂糖と塩、ベーキングパウダーを加えて混ぜる。
　　　　3) これに卵とミルクを加えて、更に手早くこねる。
　　　　4) これをめん棒で1.5-2cm位の厚さに延ばし、型で抜く。
　　　　5) 220℃のオーブンで10-12分多少焦げめがつくまで焼く。
・(3)にレーズンまたはチーズかリンゴなどを加えてもおいしい。
・スコーンを横切りにして溶けるチーズをのせ、頂く直前にオーブントースターで温めるのもお勧めである。

ショートブレッド

材料：バター　　　　　　100g
　　　グラニュー糖　　　50g
　　　小麦粉　　　　　　150g

焼きたてのショートブレッド

作り方：1) バターと砂糖を、クリーム状に白くなるまで混ぜる。
　　　　2) ふるった小麦粉を (1) に混ぜる。
　　　　3) これをめん棒で2cm位の厚さに延ばし、フォークの先端でデザインを施す。
　　　　4) 150℃に温まったオーブンで30分、又はうっすらと茶色になるまで焼き、ラックに移して冷ます。

YOSHIE SMITH スミス好枝

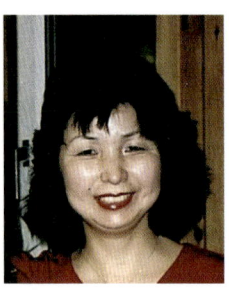

　1996年公認ガイド資格取得。1988年よりエディンバラ在住。長崎県出身。
　英国周遊、ゴルフ、蒸留所、釣りツアーなどでイギリス全土をガイドしている。
　趣味はバレエ、フィギュアスケート鑑賞。
　観光客の皆さまにお勧めしたい場所は、日本の方々にはまだ知られざる景勝地、ウエスターロス *Waster Ross* 地方。湖と海岸線の美しさは格別です。
　エディンバラ在住の推理、警察小説作家「イアン・ランキン」の大ファン。

yosmith56@gmail.com

スコットランドこぼれ話

エディンバラで一番高級な通り
アン・ストリート

　エディンバラには高級住宅街が幾つかあるけれど、人々が「ヒェー、ワォー、すごい！」と反応するのはアン・ストリート *Ann Street* である。エディンバラで一番家の値段が高い通りと言われ、住人も貴族階級、実業家、裁判官とそうそうたる顔ぶれである。

アン・ストリートの住宅。シンプルで美しいドリス式の柱が並ぶ玄関口と古い街灯。

　エレガントなジョージ王朝時代の優美な建物が道の両脇に 150 メートルぐらい続き、平均で寝室 6 部屋、バスルーム 3 つの大邸宅が並んでいる。アン・ストリートはスコットランドを代表する画家ヘンリー・レイバーン *Henry Raeburn* によってデザインされ、建設はジェームズ・ミルン *James Milne* が手掛け 1824 年に完成、レイバーンの妻アンの名前をつける。レスリー伯爵未亡人だったアンは野原で自然をスケッチしていたレイバーンを目に留め、その絵を気

エディンバラで一番高級な通り、アン・ストリート

に入り、自分の肖像画を描いてくれるように頼む。レイバーンは若くてハンサムで知的であった。2人は知り合って1ヶ月後に結婚する。この裕福な未亡人との婚姻はレイバーンに経済的余裕を もたらす。夫婦でイタリアに行き2年間絵の勉強をすることもできた。エディンバラに戻って精力的にスコットランドの著名人の肖像画を描き名声を得ていく。

この通りは各家の前庭が長方形になっているのが特徴である。低いフェンスだけなので庭がよく見える。四季折々の花が咲いて美しい。隣り同士お互いの庭に椅子を出して話しをしたりしている。周りの人と交流しやすいように高い囲いを作らないというのがレイバーンの考えだった。『ピーターパン』を書いたジェームズ・M・バリーは、ここの友人宅に滞在している時に、戯曲『クオリティ・ストリート』のヒントを得る。

エリザベス皇太后もお気に入りの通りであった。ホリルード宮殿に戻る時によく運転手に、「アン・ストリートを通って行ってね」と頼んでいた。まだ幼かったチャールズ皇太子が「おばあ様はどうしてここが好きなの？」と聞くと、「あのね、私の若い頃を思い出させてくれるの」と答えていた。今でも馬車が止まり、舞踏服を着た女性が出てきてもおかしくない雰囲気である。ショッピング街のプリンセス通りから歩いて20分程なのに、びっくりするほど静かなので、よく都会の中の村と呼ばれている。

植物園のように美しい花が咲き乱れる前庭の奥にドアが見える。

スコットランドこぼれ話

クラモンド村と小さな冒険の島　その1

　エディンバラ郊外で景色の良い所というと、お勧めはクラモンド Cramond 村である。中心地から市営ロジアン Lothian バス 41 番で 30 分。下車するバス停はクラモンド・グリーブ Cramond Glebe、終点の一つ手前なので分かりやすい。フォース湾の眺めが素晴らしく、かわいらしい村の雰囲気を残している。ここは散策、又はサイクリングをするのに絶好の場所である。海岸線沿いの広い遊歩道と、アーモンド川沿いの二つのコース、海と川の両方の姿を楽しむことができる。それから、引き潮の時だけ道が現れて上陸できるクラモンド島は、地元の子供達に小さな冒険の島と呼ばれている。

白い建物が続く狭い路地を下りていくとクラモンド・ハーバーにたどり着く。

　クラモンドはエディンバラの北西地域にあり、アーモンド川の水がフォース湾に注ぐ河口に位置している。小さな漁村から、1800 年代後期より人気のある郊外の住宅街となり、最近ではハリーポッターを書いた、J・K・ローリングさんも引越してきた。映画好きの人にとっては、マギー・スミスが米アカデミー主演女優賞を獲得し

クラモンド村と小さな冒険の島　その1

た『ミス・ブロディの青春』を思い出すのではないだろうか。主人公のミス・ブロディとその生徒達が、クラモンドにあるロウザー先生の屋敷に遊びに行く場面がある。そのお屋敷としてロケに使われたバーンブーグル Barnbougle 城はロウズベリ伯爵所有。クラモンドのハーバーから西の方、遠くに見えるが非公開である。原作者ミュリエル・スパーク Muriel Spark はエディンバラの出身、他にも同じくエディンバラが誇る作家、ロバート・ルイス・スティーヴンソンも幾つかの作品の中にクラモンドを登場させている。

1400年代のタワーが残るクラモンド教会。教会の中には、ヴィクトリア女王が訪れた時に座った椅子が残されている。

バス停からクラモンド・ビレッジの標識をたどって歩いて行くと1400年代の古いタワーが残るクラモンド教会 Cramond Kirk がある。この教会はローマ軍がクラモンドに基地を造り、その軍事本部があった場所に建てられているのだ。教会敷地内にローマ軍の砦[とりで]の跡が少しだけ残っている。

教会を通り過ぎると急な坂道になり、海が見えてくる。坂を下りきったら、そこはちょうどアーモンド川が、フォース湾に広がって行く場所。小さいハーバーに到着である。白い建物にオレンジ色の屋根の家が軒を並べ、その中のひとつ、クラモンド・ギャラリー・ビストロは手作りのケーキが美味しい。この隣は現在空き地だが、

スコットランドこぼれ話

かつて酒場兼旅宿、ロイヤル・オーク・インがあった。ロバート・ルイス・スティーヴンソンは友人達とそこでよく議論を戦わせ、ロイヤル・オークのことを「クラモンド大学」と呼んでいた。ナポレオン戦争時のフランス人捕虜の冒険小説『慮囚の恋』の中に、このクラモンド大学が出てくる。残念ながらこの古いインは建物が老朽化して壊されてしまった。現存するパブはひとつだけ、1600年代から続くクラモンド・インだけが残っている。

海岸線沿いは眺望が開けて広い遊歩道、砂浜でも遊べる。アーモンド川の河口にはヨットやボートが沢山停泊していて、川沿いを歩き始めるとボートクラブの建物が有り、付近ではよく自分の船の修理をしている人を見かける。川沿いの散歩道は静

沢山のヨットが浮かぶクラモンド・ハーバー。

かな森の中、川に浮かぶ鳥や周りの植物を観賞するのも良いかと思う。川の向う岸はロウズベリ伯爵の所有地。ハーバーから15分ぐらい川沿いを歩くと滝が現れる。滝に出る少し手前に小さいカフェがある。1600年代に、鋳鉄所として建てられた小屋が、現在もカフェとして使われているのだ。その角の坂道を上るとバス停に戻る近道である。

クラモンドの歴史は古く140年代初めから200年代終わりまで、ローマ軍の重要な軍事基地であった。クラモンドの地名もCAER AMON（川の砦）という意味から来ている。アントニヌスの長城 *Antonine Wall* を築く間（142年から144年）、そして、その後も兵士、食料、物資の補給所、供給所だった。208年にローマに服従し

クラモンド村と小さな冒険の島　その1

ない原住民のピクト族や北方諸部族と戦うために、基地は再強化された。今は静かに白鳥が泳いでいるアーモンド川の河口も、当時はローマ軍の船で賑[にぎ]わっていたのだろう。険しい山脈、深い森、荒野を行くより、海、湖、川を利用して、船で物資を運搬した。ローマ軍の得意な直進の道は、スコットランドの地形では困難であった。

ローマ軍兵舎の跡。ローマ軍は140年代初期から200年代末期迄クラモンドに駐屯した。

1996年に、アーモンド川の渡し舟の船頭、グレアムさんが、ローマ時代のライオン像を川で発見する。ライオンがむさぼるように裸のひげの有る男に噛み付いている像である。ローマ人にとってライオンは死者の魂を表し、霊前の荘厳さをだす象徴的なものだった。たぶん基地司令官といった高官の墓碑として作られたのだろう。白い砂岩のこのライオン像はスコットランド国立博物館に買い取られ展示されている。グレアムさんは日本円にして約700万円相当のお金を受け取った。

しかし、2000年にグレアムさんの渡し舟は、口蹄疫対策のために廃止されてしまった。川向うへ渡り、ナポレオンが使っていた家具の展示で有名なダルメニーハウス Dalmeny House（ロウズベリ伯爵のお屋敷）の方へ歩くのに便利だったのだが、今は1.6キロ上流のクラモンド・ブリッグ橋まで回り道をしなければいけない。他に橋を架けるのはロウズベリ伯爵が昔から許さないのだ。グレアムさんは伯爵家に雇われていた船頭だった。すごい美男で観光客に写真を撮りまくられていたが、グレアムさんの前に、チェコ人で38年間も船頭を勤めたというバドさんも美形だった。そのためか今でも伯爵家宛てに「ロウズベリ伯爵様、渡し船の再開をお願いします。出来れば、また、見目麗しい船頭さんを！」といった手紙が沢山来るらしい。

スコットランドこぼれ話

クラモンド村と小さな冒険の島　その2

　小さな冒険の島、クラモンド島 Cramond Island へは自分の好きなときに行ける訳ではない。引き潮の時だけ島まで歩いて約20分の道が現れるのである。道の入り口に干潮時刻の表示板があるので、しっかり確かめてから渡ろう。ハッと気が付いたら、道は水面下になり、島に取り残されているのだ。この島は全長0.54キロ、面積は7.7ヘクタール。今は無人島だが、1930年代まで農家の人が住んでいた。主に牧羊が行なわれ、島の中央の木立で隠れた中に廃墟の農舎が残る。

　道はデコボコしているので、濡れてもよい歩きやすい靴で。元々歩道として造られた物ではなく、下水管を通すことになり、そのままだと美観が損なわれるので、コンクリートで覆ってしまえ、そうしたらその上を人も歩けるし、ということになり出来上がった。道の横には、ドラゴンの歯と呼ばれているコンクリートの支柱が、ずうっと島まで並んでいる。本当に大きなギザギザの歯という感じ。このドラゴンの歯は、第二次世界大戦中、敵の戦艦が島の南側を通過するのを防ぐために造られた。北側にはサブマリンネットが張られていたのだ。島に到着してすぐ目に付くのは砲台の跡。小さい男の子達が戦争ごっこをやっていたりする。他にも幾つかの砦 [とりで]

クラモンド島。第二次世界大戦中の監視所がかすかに見える。引き潮で現れた道を歩く人々。道沿いに並ぶドラゴンの歯と呼ばれる支柱。

クラモンド村と小さな冒険の島　その2

が残っているが、島の奥の方である。北東に、砲台、備品庫、避難所。北側海岸線近くに兵舎の跡、弾薬庫などがある。

　島へ渡る道の入り口に大きくデカデカと警告されているにも拘[かかわ]らず、帰りそびれて、「助けてくれー」となる人が結構いる。2010年6月に音楽イベントが催された時は、参加者500人のうち150人が帰りそびれてしまった。合計74の救助隊ボートが出動して大変な騒ぎとなり、地元民のひんしゅくをかった。救助隊の人は、ほとんどがボランティアなのである。もちろん島で一夜を過ごし、次の干潮時に歩いて帰ることもできるが、防寒着、キャンプ用品が必要である。助け出された人達の多くがTシャツ1枚だった。夏には若者達のグループがよくキャンプをしているが、野ねずみが走り回っているし、雨が降ったりすると、凍えるように寒くなるので、サバイバルゲームらしい。よく「スティーヴンソンの『宝島』は、この島からインスピレーションを得たのですか？」と聞かれるが、小説のモデルの島については諸説ある。クラモンドは彼のお気に入りの場所だったし、確かに島に取り残されるかもといった緊張感、探検ごっこ、冒険ごっこをしたくなる荒々しい風景、クラモンド島もヒントを与えたのかもしれない。

満潮時近く、海水で道が水面下になり、歩いて渡れなくなったクラモンド島。ドラゴンの歯も、もうすぐ隠れてしまう。

大晦日（ホグマニー）に
黒髪の男性がもてはやされる理由

　スコットランドの大晦日はエネルギッシュである。飲めや歌えや踊れやのドンチャン騒ぎもできるし（もちろん他人に迷惑をかけない程度に）、又は、静かにご近所の挨拶回りをして親交を深める良い機会でもある。スコットランドでは大晦日のことを「ホグマニー Hogmanay」と呼び、一年の最後の日から新年にかけて盛大にお祝いをする伝統がある。

ホグマニーには、スコットランドの男性の民族衣装キルトを着てウイスキーで乾杯。スポーランと呼ばれる小さなバッグはキルト姿には欠かせないもの。

写真提供：スコットランド政府観光局
VisitScotland/Scottish Viewpoint

　エディンバラ市のホグマニー祭は、12月30日から1月2日の4日間に渡って盛大に行われる、ヨーロッパ最大の年末年始の催しである。イングランドでは大晦日のことは、「ニュー・イヤーズ・イブ」と呼ぶが、スコットランドではホグマニーの方が通じる。

　ホグマニーの語源に対しては、色々な説が有り定かではない。スコットランドは地理的に北欧と近いので、北欧の言語と習慣が多く入ってきている。そのため、スカンジナビア語の Hoggo-nott 祝宴の前が語源だという言語学者もいる。スコットランドの古語であるゲール語の Oge maidne 新たなる朝。あるいは、古いフランス語からきているというのも有力な説の一つである。

　フランスの影響も強かったのを忘れてはならない。スコットランドとフランスは、1295年から共通の敵であるイングランドに対抗するために同盟を結び、1500年代にはスコットランド王ジェームズ5世がフランスの有力貴族ギース家のメアリを妃に迎えて、関係はさ

大晦日（ホグマニー）に黒髪の男性がもてはやされる理由

らに強化された。メアリはフランスから、沢山の召使い、石工師を連れてきた。この人々がスコットランドにフランスの文化を紹介したといわれる。1500年代のフランスで新年の贈り物のことを、*Aguillanneuf* と言い、それは大晦日に渡された。フランス北部の方言でそれが *Hoguignetes* となり、新年の贈り物から、それが貰える日、つまり大晦日を表す言葉となった。

　子供達はその言葉を叫びながら通りを練り歩き、家々の戸を叩いて新年の贈り物を頂戴した。これと類似した習慣が、スコットランド南部で行なわれていたと、1693年の長老派教会の記録にある。それには長老派教会員が、大晦日にホグマニーと言いながら、家々を回っていると書かれている。

　現在もスコットランドでは大晦日から新年にかけて、知人や近所の家に挨拶に行く風習がある。自分の好きな飲み物やおつまみを持って、「ホグマニーのお祝いに来ました」と言うと、「どうぞ、どうぞ」と招き入れてくれる。友人を歓迎し、隣人も歓迎するのがホグマニーの伝統だ。更に黒髪の男性だと大歓迎される。

　それは新年を迎えて、初めて外から家の中に足を踏み入れることをファースト・フッティング *First footing* と呼ぶのだが、その人が背の高い黒髪の男性だとその年は幸運なことが訪れ、逆にそれが金髪の男性だと不吉なことが起きると言い伝えられているからだ。金髪の人を恐れたのは、スコットランドは700年代後半から1000年代初めまでヴァイキングの侵略を幾多と受け、殺りくと強奪に苦しんだ。ヴァイキングとは、北欧スカンジナビアか

ヴァイキング船の守り神である竜の船首像。航海の無事を願い、北欧神話に出てくる恐ろしい海怪獣を避けるために付けられた。帆走で遠距離の航海も可能、オールで漕いで、水深の浅い河川にも侵入できた。

写真提供：スコットランド政府観光局 *VisitScotland/ Scottish Viewpoint*

スコットランドこぼれ話

ら、細長いボートで航海し、ヨーロッパ北部や西部に上陸しては、略奪の限りを尽くす侵略を繰り返した北欧人のことである。北欧の人々は金髪がほとんどなので、金髪のヴァイキングの襲撃がないことを祈った。そして黒髪の男性が来るのはラッキーとなったのである。

　これは正確に言うと、黒髪の男性がもてはやされるのは、本来大晦日ではなく年が明けてからなのだが、最近では元旦の午前中はゆっくり寝正月という家庭が多いので、大晦日に集まった人達の中で黒髪の男性がいたら、「ファースト・フッティングやってくれよ」と頼まれる。時計の針が新年を告げたら、一度形式的に外に出て、もう一度ドアを叩き、新年初めての訪問者として家に入って来るのである。

　ファースト・フッティングをやる人のことをファースト・フッターという。古い仕来りでは、ファースト・フッターは持参しなければいけない物が有り、それは一塊の石炭、ブラックバン（新年に食べるこってりした黒っぽいフルーツケーキのこと）、塩、ウイスキーである。ファースト・フッターは持ってきた石炭を燃えている暖炉に焼べ、家長からウイスキーをグラス一杯注いでもらい、'Lang may yer lum reek!' と言って乾杯をする。直訳すると、「あなたの家の煙突から、煙がずうっと長く出ていますように！」だが、家の中が暖かい状態が長く続くように、暖炉を燃やす石炭が買えますように、という意味が含まれている。ウイスキーは生命の水を表し、長寿を願う。ブラックバンは食べ物に困らないように。塩は肉を保存するために使用されたので、塩は肉が食べられること、つまり、富の象徴として扱われた。

ファースト・フッターとしてモテモテの黒髪の男性。キルト姿で親類、友人宅を訪れる人も多い。
写真撮影：クレメント篤子

エディンバラの冬の祭典　ホグマニー祭

　エディンバラ市のホグマニー *Hogmanay* 祭は、12月30日の松明行列から幕が開く。多くの人々が松明を持って行列を作り、セント・ジャイルズ大聖堂 *St.Giles Cathedral* 前のパーラメント広場に集合する。そこから歩き始め、マウンドと呼ばれる坂道を下り、プリンセス通りの東側を通って、最後は標高103メートルのカルトンの丘 *Calton Hill* へ登り、丘の上で花火大会となり終了である。この行列のルートは、エディンバラの人気徒歩観光コースの一つにもなっている。

王冠の形をした塔をもつセント・ジャイルズ大聖堂とパーラメント広場。

　この催しは午後6時半に出発し、参列者が多いので1時間ほどゆっくり歩いて、カルトンの丘の頂上に到着。午後7時45分から花火が始まる。何千という人々が松明を持ち、暗い中を行進する風景は、灯りの川のようで美しい。松明代を払えば誰でも参加できる。ネットで松明の購入予約をするか、当日午後4時半からパーラメン

エディンバラの冬の祭典　ホグマニー祭り

ト広場 Parliament Square で買うこともできる。この売上はチャリティーに寄付される。前から後ろの人へと松明の火が次々と移され、いざ出発となる。先頭はシェトランド島から招待されたヴァイキング兵士の扮装[ふんそう]をした男性 30 人。松明行列があるのは、シェトランド島のラーウィックの町で、毎年 1 月の最終火曜日に開かれるヴァイキングの祭典「アップヘリア」が、スコットランドで最も有名な祭りだが、エディンバラのホグマニー祭に、その松明行列が紹介され、数年前より行なわれるようになった。

　第 2 陣はバグパイプとドラムの音楽隊。そして松明を持った人々の本当に長い行列である。カルトンの丘へのなだらかな坂道を、沢山の灯りが揺れながら、上の方へ移動していく風景は幻想的だ。丘の頂上に参加者が集合したら、細長いヴァイキング・ボートが燃やされ、皆でそれを眺め、その後花火と音楽が始まる。ナポレオン戦争の戦没者慰霊碑（パルテノン神殿を真似して造り始めたが予算不足で未完成の構造物）、そこに噴出し花火を設置、さらにその周りから打ち上げ花火をバンバン打つ。花火とクラシック音楽（ライブではない）の素晴らしい共演である。

マウンドを通る松明行列の人々。

　大晦日、12 月 31 日の催し物は人気が高く、当日ではほとんどチ

ケットが手に入らない。大晦日から新年を仲間と一緒に、また知らない人とも一緒に、飲んで騒いで、音楽に酔いしれて、世界中から集まった群衆とみんなで「ハッピー・ニュー・イヤー」ができるのだから、早くに売り切れてしまう。ストリート・パーティー、有名歌手やバンドによるガーデン・コンサート、ケィリー・ダンス（スコティッシュ・ダンス）と３つの催しがあり、エディンバラの中心地の隣接した３つの区域で行われ、チケットはそれぞれ値段も違う。

　この３つの催しは、公式の案内に16歳未満にはお勧めでないと書かれている。これは、16歳未満者の入場には21歳以上の同伴が必要で、原則的には入場禁止ではないが、催し場ではお酒を飲んでる人が多いし、凄い人込みなので、保護者や同伴者などと離れ離れになる可能性が高いからだ。お互い連絡しようとしても、携帯電話も回線パンクでなかなか繋がらないらしい。そういう理由で、お子様連れには適したイベントではない。午後９時から午前１時迄開催。午後８時から入場開始で、午後11時には入場ストップ。それぞれの区域がバリケードなどで仕切られていて、出入り口には係員が配置されており、チケットがないと入場させてくれない。一度外に出ると再入場はできないので、あまり早い時間から行くと、寒いし疲れてしまうが、午後11時の入場ストップ前には必ず入ろう。

　ストリート・パーティーは、プリンセス通り *Princes Street* がバリケードなどで完全に封鎖され、通り全部がパーティー会場となる。お酒の持ち込みは禁止だが、バーや屋台がでているので、ビールやワインのアルコール類、ハンバーガーなどの軽食も買える。特別に設置された４つのそれぞれのステージでは、バンドのライブ演奏が行なわれ、大型スクリーンも道の両脇に数個置かれている。グループで来ている人が多く、音楽に合わせて踊ったりしているが、時間が経つにつれて、どんどん人が増えてきて、日本の満員電車並みに、身動きができなくなるほど込み合う。ストリート・パーティーの券だけでは、ガーデン・コンサートとケィリー・ダンスの二つの区域には入れない。

　ガーデン・コンサートは、西側のプリンセス・ストリート・ガー

エディンバラの冬の祭典　ホグマニー祭り

デンにある野外コンサート場、エディンバラ城を真上に眺める場所で行われる。若者に人気のあるバンドが、毎年6組ぐらい出演する。お目当てのバンドを近くで見るために、開場時間前から長い列ができる。

プリンセス・ストリート・ガーデンはマウンドという坂道を挟んで東と西のガーデンに分かれるのだが、マウンドの広場でケィリー・ダンスが開かれる。「ケィリー」とはゲール語で、みんなの集まり、カジュアルなパーティーという意味。スコットランドの伝統音楽とスコティッシュ・カントリー・ダンスを楽しむ集いだ。ダンスはコーラーと呼ばれるダンスの指導者が、「右に行って、ハイ、次は左」と指示してくれるので初めてでも大丈夫。踊っている最中に、パートナーがぐるぐる代わっていくので面白い。ガーデン・コンサート、あるいはケィリーの券を持っている人はストリート・パーティー区域にも行くことができる。

ケィリーダンスを楽しむ人々。
写真提供：スコットランド政府観光局
VisitScotland/Scottish Viewpoint

　真夜中の0時近くになると、いよいよホグマニーのハイライトである、新年への秒読み、カウントダウンの準備が始まる。バンドも演奏を一時中断し、踊りも止まり、大型スクリーンには、60秒前よ

スコットランドこぼれ話

り数字が表され、何万人という人々が、10秒前から声を揃えて、「テン、ナイン、エイト」とカウントダウンしていく。そして年が明けた瞬間に、エディバラ城とカルトンの丘から一斉に花火が上がる。花火を見ながら自分の右腕と左腕を交差させて、隣同士の人と手を繋ぎ、『オールド・ラング・サイン』（日本の『蛍の光』の本歌）を大合唱して新年を祝うのが伝統的な習わしである。それから身近な人々と「ハッピー・ニュー・イヤー」のキスとハグ（抱き合ったり）の嵐となる。これに便乗して、しつこく祝福のキスを迫る酔っ払いがいるので、嫌なら「ノー」とはっきり断ろう。エディンバラ城から上がる花火は全部で4.5トンといわれ、10分ぐらい続く。

エディンバラ城から上がる新年を祝う花火。
写真提供：スコットランド政府観光局
VisitScotland/Scottish Viewpoint

　元旦には「ワン・オクロック・ラン」と呼ばれる走るレースがある。午後1時にエディンバラ城から出発して、旧市街地の目抜き通りであるロイヤルマイルを走る。その他にも、フォース湾での初泳ぎがある。2日はクラシックのコンサート、詩の朗読会など、毎年違った企画がされる。年々海外からの観光客が増えているホグマニー祭、イベントのチケット、宿の予約はお早めに。そして、世界一壮麗な新年を祝う花火を堪能しよう。

スコットランドこぼれ話

私の永遠の憧れ　デボラ・カー

　私が初めて好きになった外国女優はデボラ・カー *Deborah Kerr* である。日本にもファンが多い女優だが、デボラがスコットランド人であることはあまり知られていない。スコットランドの西海岸線の町、ヘレンズバラ *Helensburgh* の出身なのだ。中学生のときにテレビの洋画番組で、あの名画『黒水仙』*Black Narcissus* を見て、彼女の気品のある凛とした美しさに魅了された。舞台はインド、ヒマラヤ山ろくにある村の尼僧院。インド育ちの英国人作家ルーマー・ゴッデンの同名小説を映画化したものだ。デボラ・カーが主役の尼僧のリーダー格、クローダを演じた。マイケル・パウエルとエメリック・プレスバーガーが共同監督、光と影と色の魔術師と呼ばれたジャック・カーディフの撮影による1947年の作品で、カーディフは米アカデミーとゴールデン・グローブの両方で撮影賞を受賞している。ろうそくの灯りだけの暗い部屋に、尼僧姿のデボラの透明感のある白に近いベージュっぽい顔が浮かび上がる。カーディフはその肌の色合いにも拘った。

　物語は村の領主トウダ・ライが、カルカッタの尼僧院に手紙を書き、自分の村にある宮殿を利用して尼僧院を開き、病人を治療し、子供達を教育してほしいと頼む。そして5人の尼僧達が送られてくる。過酷な生活と現地人との摩擦から、精神的に追い込まれていく尼僧達。何とか皆を統率しようとするクローダの苦悩と葛藤。自信喪失と疲労と嫉妬心から、段々錯乱状態になる尼僧ルース。狂気のルースのシーンは最近のホラー映画より遥かに怖い。今でも私の好きな映画のベスト5に入る。

　『黒水仙』を見て、デボラの知的な美しさと演技力に惚れ込んだハリウッドの映画会社MGMのプロデューサーは、既にデボラが契約していたイギリスのプロダクションの仕事を破棄させMGMに移籍させる。それに伴う契約違反料はMGMが支払った。アメリカの新聞、雑誌は彼女のことを「イングランドの薔薇[バラ]」と評した。これに対してスコットランドの人々は、「デボラはスコットランド人

だ。イングランド人じゃない」と大慎慨した。デボラは幼い頃にイングランドに移り住んだのだが、生涯スコットランドのルーツを誇りにしていた。私は彼女の控え目だが人物に対する深い洞察力を感じる演技と、赤毛であるところにスコットランド人の血を感じる。

　デボラ・カーは1921年9月30日にヘレンズバラで生まれ、父親は第一次大戦中は空軍に所属し戦闘機のパイロットだったが、戦後は土木技師の仕事に変わる。祖父母も同居している家で、祖母からヴィクトリア時代式の厳しいしつけを受ける。デボラが映画『悲しみよこんにちは』でジバンシーの衣装を見事に着こなし、ファッション関係者から優雅な歩き方と姿勢の良さをほめられた。これに対してデボラは、「スコットランドの祖母のおかげね。姿勢が悪いとそれを矯正するために、硬い床の上に長い間寝かされたのよ」と話していた。5歳の時に父の転勤のため、家族でヘレンズバラからブリストルに移る。叔母はラジオ番組で人気を得た女優で、ブリストルで演劇学校を経営していた。デボラは叔母の学校で演技とバレエのレッスンを受け、芝居よりはバレエに夢中になった。実はデボラは女優になる前にバレリーナとしてデビューしたのだ。15歳の時にサドラーズ・ウエルズ・バレエ学校に奨学金を貰って入学する。丁度その頃、父親が亡くなり、奨学金だけでは生活は苦しく、バレエ学校が休みのときは、叔母の紹介で野外劇場の芝居に出演してお金を稼いだ。17才でサドラーズ・ウェルズ・バレー団に入団、『プロメーテウス』でロンドンで初舞台を踏む。このバレエ団は英国ロイヤル・バレエ団の前身で、4年先輩には伝説のプリマ、マーゴット・フォンティーンがいた。デボラは身長が170cmとバレリーナとしては背が高くなり過ぎてしまったため、バレリーナを諦めたと言われていたのだが、晩年のインタビューで、「それもあるけど、自分はマーゴットのようなプリマにはなれない。それほどの踊りの才能はないと悟ったの」と語っている。

　それから本格的に女優へと転身する。ハリウッドに招かれた当初は、デボラの上品さ、礼儀正しさ、美術や文学への教養の深さが驚かれ、「ハリウッドで初めてのレディ！（淑女）」と言われた。クラーク・ゲイブルと共演した『自信売ります』でハリウッド映画デ

スコットランドこぼれ話

ビュー、その後スター街道を上って行く。私が好きな作品は『地上より永遠に』、『王様と私』、『サンダウナーズ』。アカデミー主演女優賞に計6度ノミネートされたが受賞できず、「オスカーの偉大な敗者」と呼ばれた。1994年に「アカデミー賞名誉賞」を受賞し、スピーチをする姿はファンを失望させなかった。もちろん高齢になりシワはあるものの、薄化粧でも端正な顔立ち、落ち着いて誠実なスピーチをする姿はファンが長年愛しているデボラ・カーそのものだった。

その後81歳の時に、パーキンソン病を患っていることを公表し、スイスで夫と暮らしていたが、世界中からファンの励ましの手紙が届き、デボラは感激していたという。病状が悪化し、娘達のそばにいたいということで、イングランドのサフォークに移り、そこで2007年10月16日、86歳で亡くなる。

デボラが生まれたヘレンズバラは、スコットランドの大都市グラスゴーから車で45分、列車だと1時間ぐらいかかる。チャールズ・レニー・マッキントッシュが出版業者ウォルター・ブラッキーのために建てた家、ヒル・ハウス *Hill House* を見学に行く人が多い。ヒル・ハウスは20世紀に建てられた世界でも素晴らしい個人の家と評される。ヘレンズバラの高台に建ち、マッキントッシュが各部屋のインテリアも手掛けた。デボラ・カーの他、ヘレンズバラで生まれた有名人には、テレビを発明したジョン・ベェアードがいる。

デボラ・カーの故郷ヘレンズバラにあるヒル・ハウスは一般公開されている。

MARIKO POLLOCK ポロック万里子

　1990年公認ガイド資格取得。1984年よりグラスゴー在住。全英をガイド。
　今日まで続く人びとの暮しの歴史に、特に興味がある。庭で花を育て、有機野菜を作る。食べること、歩くこと、料理と古い映画が大好き。
　日が長いのでいつまでも明るく、涼しい夏のスコットランドは、とても過ごしやすく、避暑にいらっしゃるには最適。日本とはまたひと味違う、ハイランドの雄大な景色を、是非、日本の皆さまにも堪能していただきたいと願っている。

marimotowada-guide@yahoo.co.jp

スコットランドこぼれ話

二都物語　エディンバラとグラスゴー

　スコットランドの地図を広げると、この二つの都市は中央あたりの狭まったところに、右と左に離れて位置している。右手にあるのはスコットランドの首都エディンバラであり、左手はスコットランド最大の都会グラスゴーである。

　東海岸に近く、広いフォース湾に面したエディンバラと、西海岸寄りではあるけれど河口からは遠く、クライド川に面したグラスゴーは、町の形も成り立ちも歴史も異なっている。それほど離れていないのに、東の北海に近いエディンバラは乾燥気味で涼しく、メキシコ湾流のよせる西海岸に近いグラスゴーは温暖多湿である。

　グラスゴーとエディンバラ間は電車で約1時間エディンバラ・ウェヴァリー駅の構内を出ると、もうエディンバラの中心に立つことになる。岩山にそびえる城も、観光客や買い物客で賑わうプリンセスストリートも、その中間にある記念塔や石像、銅像の立つ広々とした緑の谷間のような公園も、一望できる。

ホリルード・パークより望むエディンバラ城とオールドタウン。
写真提供：スコットランド政府観光局
VisitScotland/Scottish Viewpoint

二都物語　エディンバラとグラスゴー

　すでにヨーロッパ各地を訪問されたお客さまでも、「まあ、なんて美しい街でしょう。こんなに美しい街は見たことがありません」と言ってくださるほどであり、古都京都のような伝統と風格を感じさせる街である。
　城のある方がオールドタウンで、賑やかな通りのある方がニュータウンである。この新旧二つの街は、1995年に世界遺産として登録された。

　『ロビンソン・クルーソー』の作者ダニエル・デフォーは、1707年にエディンバラへ来ている。イングランドとの連合王国化を促進するために、中央政府から派遣されたのである。デフォーは、オールドタウンにある15世紀建築の宿屋に滞在し、その宿屋の面する通りロイヤルマイルについて、「広々として大変長く、人々の住む通りとしてはヨーロッパで最も素晴らしい通り」と書き残している。
　城と宮殿を結ぶロイヤルマイルには、途中に幾つものクロースと呼ばれる細い小路や袋小路があって、一つ一つを覗いてみるだけでも興味はつきない。デフォーが滞在した宿屋や、1617年建築のグラッドストンズ・ランド *Gladstone's Land* も含めて、ロイヤルマイルに残る古い建物を眺めていると、ふと中世の人々が現れてきそうな気がする。特に人気の無い早朝や深夜には、不思議な感覚におちいる家並みだ。
　それもそのはずで、古い都には、古～い時代の人々が今もときどき現われるという。
　そういういわれのある場所を徒歩で回る「ゴースト・ツアー」がロイヤルマイルから数多く出発しているし、またロイヤルマイルに面するエディンバラ市庁舎の地下には、実際にゴーストタウンが存在する。
　今では観光名所のひとつになっている「メリー・キングス・クロース *Mary King's Close*」とよばれるこのゴーストタウンは、地下なので真っ暗。館内ガイドが懐中電灯で照らしてくれる周囲は1600年代の古い家並みがそのまま残っている。12歳以下の子供たちが、よくここで昔むかしの人々を見かけると、館内ガイドは言う。
おお、怖っ！

スコットランドこぼれ話

　オールドタウンはかつて城壁に囲まれていたが、1700年代も中頃になると、その城壁内には収まらないくらいに人口も家畜数も増えてきた。狭いし、うるさいし、汚いし、臭いし、おまけに人口過剰を解決するために、石造りの建物上にさらに木造3階建てという危険極まりない家屋さえ建てられた。それが崩れるという事故がありかつ連合王国になってイングランドからの侵略の脅威もなくなり、安心して城壁の外の平地にニュータウンが造られたのである。

　だからニュータウンと言っても、どこがニューなの？　というくらい古い。時代はあたかもジョージ王朝。ニュータウンは、「新古典主義」とも呼ばれるこのジョージアン建築様式で統一された。周囲全てが、同じ建築様式の石の建物が並ぶ壮観さは、一見の価値がある。英国内には、他にもジョージアンで統一された街がいくつかあり、それぞれに見事である。しかし、岩山にそびえる古い城とオールドタウンも含めた美しさでは、エディンバラにかなう街はない。世界遺産に選ばれる所以である。

　ひと目惚れする美しさという点では、グラスゴーもエディンバラにはまったく敵わない。グラスゴーには城も宮殿もないし古い町並みもない。そもそもグラスゴーは、グラスゴー大聖堂を中心に発達した川沿いの港町であった。それが大きく発展したのはアメリカとの、特にたばこの葉の貿易が始まったからだ。一時はヨーロッパで消費されるたばこの半数以上がグラスゴーを通ったといわれるほどで、かつて日

グラスゴーの歴史を見守り続けるグラスゴー大聖堂。

二都物語　エディンバラとグラスゴー

本で言われたところの紅花大尽やニシン御殿のように、グラスゴーにもたばこ大尽が輩出し、貿易で富を築いた彼らがたくさんの御殿を建てた。もちろん、石造りである。それらが今も残り、町並みに重厚さを加えている。

前述したダニエル・デフォーは 1707 年と 1724 年にグラスゴーへ来て、「グラスゴーの町は、確かに、大変に素晴らしい町だ。4 つのメインストリートは広く美しく、石の建物が整然と並び、高さも揃っている」と書き残している。

1800 年代初め、グラスゴーはロンドンに次いで「帝国第二の都」とよばれるようになった。繁栄はさらに続き、その後のヴィクトリア時代には軽工業だけではなく、貿易で蓄えた富を元に造船や鉄工などの重工業化も進めている。

最新技術を取り入れた鉄工所や蒸気機関車製造所、造船所などが石炭の煙を大量に出しつづけ、昼でも薄暗いほどだった。

クライド川沿いには数多くの造船所が立ち並び、世界最高水準の造船技術で船舶を造り続けていたし、そのクライド川の上流、グラスゴー郊外では、多くの鉄工所が鉄鋼を大量に生産していた。

そしてそれらの産業によってもたらされた莫大な富は、グラスゴーに建築ラッシュを引き起こし、街づくりを促進し、新しい芸術を生み出している。

現在の町並みには、市庁舎を始めとする手の込んだ彫刻の多いヴィクトリアン建築様式の建物が多い。温かみのある赤砂岩の建物にギリシャ風の建築やグラスゴー・スタイル *Glasgow Style* とよばれるアール・ヌーヴォーの装飾、そして 1900 年代や 21 世紀を象徴する建物が混在するにもかかわらず、落ち着いた調和をみせている。

それらの建物や建物に施されたデザインや彫刻を見ていると、移り変わる時代と文化やアートの流行、そしてそれらを受け入れるグラスゴー人の柔軟さと進取の気質が想像され、飽きることがない。エディンバラとは全く趣の違う都市である。

スコットランドこぼれ話

竹鶴政孝とリタ

　日本で本格的なモルト・ウイスキーを造るために、勤務していた酒造会社から派遣されてスコットランドへ留学した竹鶴政孝（ニッカウヰスキー創始者）は、到着したリヴァプール港から、まずエディンバラ大学に向かった。ところがエディンバラ大学には、ウイスキー研究に適した専攻科がなく、1918年にグラスゴー大学の応用化学科へ入学している。

　竹鶴は、当時のグラスゴーを「神戸のような感じの町で、港近くには大きな造船所が集まっている工業貿易都市である」と評している。もし、このときにエディンバラ大学に入学していたら、彼の運命も違っていただろう。

　竹鶴は、1894年（明治27年）に、広島県の造り酒屋の三男として誕生。竹鶴はこう書いている「この時代の青年の夢は大きかった」。だから、長兄も次兄も大学卒業後には、シンガポールへ北海道へと、それぞれ自分の道を進んで行ってしまった。
　残された竹鶴は、跡継ぎとして両親の期待を背負い、大阪高等工業（現大阪大学）の醸造科に入学、この間に洋酒に興味を持ったという。卒業後は、当時、日本の洋酒メーカーの第一人者であった摂津酒造へ押しかけ入社をし、しかも入社間もない会社からスコットランド行きを打診され、紆余曲折の末にグラスゴーへ来たのだった。

　グラスゴー大学での講義は、英語の勉強になった。またウイスキー関係の文献がたくさんある図書館へもよく通ったという。よい教授にも恵まれた。この教授には授業の最初の日に、「君はスペイン人かな？」と尋ねられているが、その後もよくスペイン人に間違われたそうである。真っ黒でりっぱな口ひげのせいだったのかもしれない。

　モルト造りは、蒸留所の多く集まるハイランドのスペイ川流域の町に下宿して、周辺の蒸留所を回り、実地に学んでいる。当時は日

竹鶴政孝とリタ

英同盟もあって、対日感情はとてもよかったが、日本人は多分大変に珍しかったのではないだろうか。今残る写真を見ると竹鶴は偉丈夫で、蒸留所の所長と並んでも全く見劣りしない。

　ここでは蒸留所のありとあらゆる仕事を経験した。人の嫌がる蒸留器内部の掃除もすすんでして、感謝されながら蒸留器の研究もできるという一石二鳥の実習を続けた。
　そんな姿勢が好ましく映ったのであろう、人情豊かなスコットランド人の厚意のもとに、あちらこちらの蒸留所から招待され、訪れると古いウイスキーを出してきて、歓待されたという。当時の誇り高いスコットランド人は、この一介の東洋人がいつか本格的なウイスキーを作るなどとは、夢にも思わなかったのではないだろうか。

　20代の竹鶴は、蒸留所やグラスゴー大学で懸命に学びながら、さらに最愛の人をも、この地で見つけている。大学での知人女性エラの父親が親日家で、異郷で勉学に励む竹鶴を自宅に招待したのである。
　グラスゴー郊外のその家で、エラの姉、未来の妻リタに出会う。ほとんど一目惚れだったようである。リタもホームシックにかかりながらも懸命に異国で頑張る竹鶴に同情し、それが恋に変わっていったのだった。下世話に「かわいそうたぁ、惚れたってことよ」と言うが、リタの場合もそれだったのかもしれない。もし竹鶴がエディンバラ大学へ入学していたら、リタと出会うことはなかった。

　1920年、結婚の許しを得たいと書き送ると、竹鶴の両親から依頼された勤務先の社長が、日本からはるばるスコットランドまで「嫁になる女性の人物鑑定？」にやってきた。竹鶴の両親にとっては、青天の霹靂[へきれき]だったし、それは夫を亡くしたばかりのリタの母親にも同様で、どちらの親達も大反対している。当時は日本との手紙のやり取りには、2ヶ月もかかったという。手紙ではお互いの気持ちはうまく伝わらない。

　リタの決心は堅く、妹と共に、根気よく母親を説得し続けたが、母親の気持ちは変わらなかった。

スコットランドこぼれ話

　「リタはこの社長にすっかり気に入られ、2人はグラスゴーのホテルで、周りの皆から祝福されて結婚した」と竹鶴は自伝のなかにさらりと書いているが、実際は妹一人を除いては、リタの家族は最後まで反対したようだ。強い反対を押し切っての結婚は、その後のリタの生き方にも大きく影響したのではないだろうか。

1920年頃の竹鶴政孝とリタ　写真提供：ニッカウヰスキー株式会社

　新婚の竹鶴夫妻は、ハイランドのスペイ川流域とは別のウイスキー中心地キャンベルタウン Campbeltown の町で過ごした。竹鶴がその町にたくさんある蒸留所のひとつで働くことになったからだ。ハイランドではモルトの造り方を実地に学んだが、ここでは学問的な研究とブレンドの訓練を徹底して受けたという。

　1920年、今とは違って全くといっていいほど情報のなかった時代に、ニューヨーク経由の長い船旅をして遠い異郷の日本までやってきたリタは、今の私たちとは比べようもないくらいの堅い決意をしていたに違いない。日本へ来てからの長い年月に、一度竹鶴と一緒に帰郷しただけで、勧められても二度と里帰りしなかった。

竹鶴政孝とリタ

　後年、北海道の余市に住むようになって、一番喜んだのは、リタだった。気候や風景、特に朝夕の感じがスコットランドにそっくりで、故郷に帰ったように感じていたようだと竹鶴は言う。

　リタは、生活環境の全く違う日本の暮らしにすすんで慣れようとし、日本料理が得意で漬物も上手で、考え方まで日本的だったという。

　西洋人であることを誇りにし、日本に居ても西洋風の暮らしぶりを変えない西洋人が多かった時代に、「リタは一生懸命日本人になりきろうとした」と、竹鶴はいとおしそうに回想している。着物姿のよく似合うリタの写真を見れば、その言葉にうなずける。

　竹鶴は、64歳という若さで逝ったリタの墓を、彼女が好きだった余市の工場の見える小高い丘に造った。

1940年　お正月の竹鶴夫妻。写真提供：ニッカウヰスキー株式会社

スコットランドこぼれ話

トーマス・リプトン

　スコットランドでは、もうあまり見かけなくなったリプトン紅茶だが、この有名な紅茶がグラスゴー生まれなのをご存知だろうか。生みの親はトーマス・リプトン Thomas Lipton、1850年にグラスゴーで誕生している。両親は小さな食料品店を営む、アイルランドからの移民であった。

　10歳で学業を終えて仕事についたリプトンは、辞めたり首になったりと何度も職を変えながら、その都度、給料を倍にして再就職したという。目はしが利いたのである。

　14歳で単身アメリカへ渡り、タバコ農園や米農園で働きながら、簿記や会計を現場で学び、更にニューヨークの食料品店に勤めた。この食料品店時代に、「人は必ず食べる。良質の食料さえ揃えておれば、お客が絶えることはない」という哲学を得て帰国、両親の食料品店を手伝った2年後、21歳の誕生日に第1号店を開いた。

　リプトンのモットーとしたことは、今日では当たり前と思われるような、清潔、顧客大事、品質重視、産地からの直接購入、そして広告である。アメリカ仕込みのセールステクニックと広告の大切さを肝に銘じていた。

　日本では、リプトンは紅茶としてしか知られていないが、（子供のころに私が初めて飲んだ紅茶も、黄色いティーバッグ入りのリプトン紅茶だった）リプトンの始まりはベーコンであり、ハムである。

　勤労労働者階級出身のリプトンは、自分と同じような境遇の人々のために早朝から遅くまで清潔に保った店を開き、そこには清潔な制服を着た店員が働いていた（雇った早々、手渡した制服代をネコババし、ドロンしてしまった店員もいたそうだ）。
　昼でも工場の煤煙にかすむ工業都市グラスゴーで、遠くからでも目立つように、店には常に煌煌と灯火をつけていた。

トーマス・リプトン

　アイルランドまでベーコンやハムを直接買い付けに行ったり、あるいは工場をつくったりして品質管理を怠らず、さらに奇抜な広告やキャンペーンで注目を引いた。そのユニークさは相当なもので、今度はどんな趣向かといつでも人々に期待されていたという。

　最も有名な広告は、ベーコンの元である豚にリボンをつけ「リプトンの豚」というバナーを背負わせて、毎日ルートを変えながらグラスゴーの目抜き通りをリプトンの店まで歩かせたことであろう。今日なら動物愛護の観点から、厳重な抗議が寄せられそうだ。

　1881年のクリスマスには「世界一大きなチーズ」を売り出し、その巨大なチーズを運ぶときに、賑やかなパレードをしている。チーズの中には、クリスマス・プディング（ドライフルーツ入りの濃厚なクリスマスケーキ）のように金貨や銀貨を入れたので、開店後2時間で売切れてしまった。当時のチーズは量り売りだけだった。あまりの好評に毎年の行事となり、ある年、ノッティンガム市の店では、サーカスから借りたゾウにチーズを運ばせている。娯楽の少なかった時代に、このパレードは喜ばれ、大きな話題になった。

　一大食料品店チェーンを展開したリプトンは、スコットランドのみならずイングランドの町々にも次々に出店し、新規開店日には必ずリプトン自身が出向いた。その日の最初のお客には景品が渡されている。

　紅茶で有名になったのは、当時紅茶は人気が高いにもかかわらず、まだまだ高価な上に大袋でしか販売されていなかったことによる。こっそりと、セイロンまで買い付けに出向いて、自社茶園を開拓。そうして庶民にも買いやすい小袋入りの手ごろな価格で売り出し

英国風ティータイム、甘いケーキやビスケットなどと共にミルク入りの紅茶を何回もお代わりして、おしゃべりを楽しむ。

スコットランドこぼれ話

たのだ。これが受けた。

　食料品店チェーンで百万長者になったリプトンは、この紅茶で億万長者になったといわれている。しかし今でもグラスゴーの年配者の思い出話では、「リプトン」は食料品店である。

　後年イングランドに移り住んだリプトンは、1931年に81歳で亡くなった。

　彼の葬儀は、グラスゴーの中心にある教会で執り行われ、何千人もの市民が沿道に並んで、棺が墓地に向うのを見送ったといわれている。

　生涯独身だったリプトンは、両親と共にグラスゴー郊外の墓地に眠っている。墓石はとても質素だ。

リプトンの葬儀が執り行われたグラスゴー市内にある教会のシルエット。内部はモダンに改装されて、当時の面影を残すのは外観のみ。

スコットランドこぼれ話

ジェームズ・ワット

　グラスゴーの中心にあるジョージ広場には、世界的に有名なエンジニアで発明家のジェームズ・ワット *James Watt* の銅像がある。

　ジェームズ・ワットは、1736年、グラスゴーの北、グリーノック *Greenock* という港町で生まれている。地元の学校を終了した後、ロンドンで1年間、機器製造の訓練を受けてグラスゴーへ戻った。しかし、1年では正規の修業期間を終了していないとして、当時、絶大な力をもっていたグラスゴーの商工業組合から開業を却下されてしまう。

　ところが捨てる神あれば拾う神あり、グラスゴー大学の依頼で機器を修理したことから信頼を得て、大学内に工房を開くことを許可される。転機は数年後、蒸気機関の修理を依頼されたことに始まった。

　そのころの蒸気機関はニューコメン・エンジン *Newcomen steam engine*（大気圧機関）とよばれるもので、全国の鉱山で、しみ出してくる水の汲み出しに使われていた。発明から50年以上も全く改良されていなかったニューコメンの蒸気機関は、ワットの目から見ると、絶望的に効率の悪い代物であった。もう少し歴史をさか

グラスゴー大学創立500周年記念に建てられた門扉に刻まれたワットの名。経済学者アダム・スミス *Adam Smith* の名も見られる。

ジェームズ・ワット

のぼると、1698年にトーマス・セイヴァリー Thomas Savery がもっと原始的（？）な蒸気機関の特許を取っている。

結果からいえば、このニューコメンの蒸気機関の修理に関わることで、ワットはその改良に成功したのである。

子供の頃に、沸騰したやかんが重いふたを持ち上げることが不思議でならなかったワットには、蒸気機関の研究はさぞ興味深いことであったろうと思う。

もちろん、この改良は一朝一夕になされたわけではなく、何度も試行錯誤を繰り返し、資金援助を得ているにもかかわらず、貧困のために2年ほど作業を中止していた時期も含めて、最初の特許まで10年以上かかったという。

そういう苦難の時期に、ワットはバーミンガムの実業家マシュー・ボウルトン Matthew Boulton に出会い、その後バーミンガムに移った。ボウルトンの投資の下で、ボウルトン・ワット社が設立される。

1769年に、ようやくワットは改良した機関で特許を取り、模型も作っている。しかし、これはまだ完成には程遠いものであった。

ワットは蒸気機関のさらなる改良を続け、いくつもの特許を取得していく。83歳で亡くなるまで、休むことなく色々な発明を続け、次々に特許を申請したという、根っからの科学者だった。

ワットのエンジンに話を戻そう。

ニューコメン・エンジンは、シリンダーの中に蒸気を送り、その力でピストンを押し上げる。すぐにその蒸気を冷却し、今度はそれによってできる真空状態がピストンを引き戻すという仕組みで、その戻ってくるピストンが水を汲み出すのである。科学に弱い私にさえ、気が遠くなるような工程に思える。ワットの改良は、コンデンサー（蒸気を水に戻す機器）を別にすることで蒸気の損失を防ぎ、その効率を上げることにあった。

この改良によって、時代は大きく変換していくのである。

改良されたワットのエンジンは、最初はニューコメン・エンジンの代替として鉱山で使われた。が、後に製紙、製粉そして綿の紡績

スコットランドこぼれ話

や紡織に使われることで、家内工業的・職人的だった仕事が大規模工場化し、またそれが大工場地帯を生み出すことにもなった。

これにより労働形態が変わり、さらに工場では蒸気機関を動かす技術者が必要となり、それらの技術者がさらに効率や生産性を高めるために新しい機械の発明や改良を進めるなど、社会構造は大きく変わっていく。

産業革命が飛躍的に進歩したのも、この蒸気機関のたまものである。

因みに、馬力というのは、ワットが蒸気機関の力の測定のために発明した単位であるという。馬が約15トン（33000ポンド）の荷物を、約30センチ（1フィート）引ける力を1馬力と定めている。

その馬力の比較を、ワットとボウルトンは蒸気機関のセールス・ポイントとした。つまり、馬を使うより蒸気機関は何倍も力強いということを、この馬力という単位で表したのである。

間接的にではあるが、この世界を変えてしまったジェームズ・ワット。

そのワットの業績を称えて、彼の名は「仕事率や電力の国際単位」に採用された。業績の内容は知らなくても、電球の明るさとして、ワットの名は今日でも私達のすぐ身近にある。

ジョージ広場に建つワットの銅像。ジョージ広場は市庁舎の正面に面し四季折々の花が植えられ、主な催し物の会場ともなる市の中心的な公園である。グラスゴー出身でなくとも、市に貢献した人びとの銅像が市の発展を見守り続けている。

スコットランドこぼれ話

チャールズ・レニー・マッキントッシュ

チャールズ・レニー・マッキントッシュ Charles Rennie Mackintosh といえば、世界的に有名なアーティストであり、日本でも彼のデザインした家具、特に独創性とデザイン性の高い美しい椅子を知る人は多い。

しかし彼が建築家であり、総合インテリアデザイナーであり、かつ水彩画家であったことを知る人は少ない。ましてや今日では高く評価される彼の作品が、当時はグラスゴーのみならずロンドンでも評価されることなく、ヨーロッパ大陸での好評も世界大戦に押しつぶされて、不遇のうちに生涯を終えたことはほとんど知られていない。

マッキントッシュは、1868年にグラスゴーで生まれている。そのころのグラスゴーは「帝国第二の都」とよばれ、ヴィクトリア時代の中心的な商工業都市として急速に拡大・発展し、町は活気にあふれていた。その富を誇示するかのように、次々と新しい建物が建設された。グラスゴー大学が現在の地に移転したのも1870年である。「グラスゴーといえば造船」といわれた時代も始まっており、かつてない繁栄に沸き立つ町であった。

16歳でマッキントッシュは地元の建築家の徒弟になり、グラスゴー・スクール・オブ・アート Glasgow School of Art（美術学校）の夜間講座に入学した。当時、専門職につくには、専門家の下で働きながら夜間に学校へ行くというのが普通だった。マッキントッシュも製図工として働きながら、1884年に夜学へ通い始めている。建築やデザイ

マッキントッシュのデザインによる美術学校の正面入り口。白と黒の格子が和風のイメージである。

ンと共に、絵画やデッサンにも優れており、在学中にも建築関係だけでなく絵画でも数々の賞を得たという。

　1890年に徒弟修業を終了。その仕上げのように、当時のグラスゴーでは最も栄誉ある「アレクサンダー・トムソン旅行奨学金賞」を受賞した。
　アレクサンダー・トムソンは主にグラスゴーで活躍したヴィクトリア期の建築家で、そのギリシャ風の作品から「グリーク（ギリシャ風）・トムソン」とよばれている。
　マッキントッシュは、賞金の60ポンドを使って、イタリアとフランスで数ヶ月過ごし、ルネッサンス建築の素晴らしいデッサンや水彩画を何枚も描いた。この画家としての才能は生涯枯れることなく後の不遇時代にも、絵を描くことが慰めとなり、わずかな収入にもなった。

　帰国後、マッキントッシュと彼の美術学校時代の友人ハーバート・マクネアは、同じアーティストであるマクドナルド姉妹を紹介される。マクドナルド姉妹も美術学校の仲間であった。以後、この4人が一緒に仕事するようになり、1899年にマクネアは妹のフランセス・マクドナルドと結婚、翌年1900年にはマッキントッシュと姉のマーガレット・マクドナルドも結婚している。このマーガレットは、生涯にわたって、夫の仕事上の強いパートナーとなった。
　この頃以降、4人一緒の仕事はなくなっていくが、それは先の話。

　4人は、絵画だけではなく金属やガラス加工、ポスター、刺繍や家具にいたるまで、これまでになかった新しい装飾表現をしている。スコットランドの伝統である複雑なケルト模様や植物の枝や蔓、長い髪を思わせる曲線に、ジャポニズムとよばれる、当時、人気の高かった日本の美術・工芸品からの影響が融和し、ウィリアム・モリスともビアズリーとも似て非なる、幻想的で繊細な曲線や幽霊のような人物、「キャベツのような」バラの花、格子戸のような幾何学模様を使った作品は、しかし、1890年代中頃のグラスゴーやロンドンの美術工芸界では全く認められなかった。
　装飾的に過ぎる、装飾過剰と受け取られたのだ。

スコットランドこぼれ話

1896年にロンドンで開かれたアーツ・アンド・クラフト展に出品した際、4人は「幽霊派 Spook School」と嘲笑われ、「ザ・フォー The Four（あの四人組）」とよばれたという。

英美術界では不評だったが、欧州大陸ではアール・ヌーヴォーとよばれる新芸術運動が興っており、彼らの作品は高く評価された。

1901年にマッキントッシュが設計した「芸術愛好家のための家」。ドイツのデザイン誌の懸賞に応募し、高い評価と称賛を得た。個人が建設を始めたが資金不足になり、1996年にグラスゴー市が完成させた。
写真提供：スコットランド政府観光局
VisitScotland/Scottish Viewpoint

マッキントッシュとマーガレットは、ヨーロッパ各地で開催された「インテリア展覧会」に2人の新しい作品を出展し、特にウィーンでは大好評だった。

今日では「ザ・フォー」は、後にグラスゴー・スタイル Glasgow Style とよばれるようになった、これまでになかった全く新しいアート表現運動の中心人物と見なされている。

またマッキントッシュも、1950年代になって、近代建築のパイオニアとして再び注目をあびるようになり、現在は高い評価を受けている。

建築家としてのマッキントッシュは、1896年に所属していた建築会社の仕事として、初めてミス・ケイト・クランストン Miss Kate Cranston のティールームの壁面装飾を手がけている。

ミス・クランストンは、グラスゴーで何軒もの「ティールーム」を持ち、マッキントッシュはその内の4店舗の建築設計や内装デザインに関わっている。世界的に有名な「ウイロウ・ティールーム Willow Tea Rooms」は、マッキントッシュによるミス・クランストンのための総合建築である。

翌1897年には、母校である美術学校の建築設計に応募し、当選。

チャールズ・レニー・マッキントッシュ

現在でも、マッキントッシュの設計したこの美術学校はそのまま使用され、かつ世界中からの見学者のために一般公開もしている。建物の外観も内装も、そしてそこにある家具類も、全て彼のデザインであり、建物の隅々にいたるまで考え抜かれた美が、機能的かつ装飾的に存在している。

1903年には、数少ない理解者の一人で友人のウォルター・ブラッキーのために、ヒル・ハウス *Hill House* を設計した。この家は、マッキントッシュのアイデアが見事に表現されており、不規則で複雑なスコティッシュ・バロニアル様式の外観と、白と黒を基調にした幾何学的な、どこか日本風でもあるインテリアが調和している。

美術学校の正面外側。鉄柵の装飾と窓の格子がモダンだ。

家具や調度も、彼の設計した建物内に置かれている方が空間と調和し、その完璧な美しさと存在が伝わると思える。

個人的な好みはあろうが、彼を理解するには見逃せない作品である。

現在も残るマッキントッシュのデザインした建物は、一目で彼の作品とわかる。スコットランドの伝統的な建物の特長を取り入れながらも、先に述べたグラスゴー・スタイルが細部にまで発現されている外観とインテリア。残された作品には、ヒル・ハウスのような個人住宅だけでなく、ティールーム、教会や学校などがある。

しかしグラスゴーでの建築家としての仕事は絶え、1913年にマッキントッシュ夫妻は、イングランドのサフォークへ移り住む。

仕事が絶えた背景には、戦争前夜の建設業界の不況に加えて、マッキントッシュを理解していた人々の引退があり、さらに顧客の

スコットランドこぼれ話

要望に応じられない、妥協できないマッキントッシュの性格があった。強い自己信念と高い理想主義のために、工期も予算も意に介さず注文主や建築業者との摩擦が多く、さらに加えて、完璧を求める長期間の活動による心身の消耗もひどかった。

ドイツやオーストリアでの高い評価も、戦争で敵となった国との親密な関係として「スパイではないか」との誤解を生み、そのためにロンドンへの転居を余儀なくされている。

ロンドンでは、改築の仕事をいくつか受注したが、それらの仕事もあまり評価されなかった。さらに最も力をいれた仕事が、資金不足と発注者のアートに対する無知により結局は実行に移されず、欲求不満と失望のうちに、1923年には南フランスへ移住している。

建築家として世間から忘れられたマッキントッシュは、この南フランス時代に水彩画を多く描いた。建築家の目で構築した静物画や風景画にはマッキントッシュらしい独自性がある。描きためたこの絵画の出版話も、戦争のせいで消えてしまった。

1928年、マッキントッシュは舌と喉頭の癌を患い、ロンドンで60歳の生涯を終えた。特異な夫の影に隠れてしまい、近年になってようやく評価が高まってきたマーガレットは、その5年後に亡くなっている。

美術学校の正面入り口内部。明り取り窓は格子、白い扉には繊細なデザインが施されている。

スコットランドこぼれ話

キャサリン・クランストン

かつて『ティファニーで朝食を』という映画があった。舞台をニューヨークからグラスゴーに、時代を 1900 年代初頭に移すと、多分「ミス・クランストンでお茶を」がぴったり当てはまる。映画とは全く何の関係もないけれど。

マッキントッシュの話でも触れているが、1880 年代以降のグラスゴーでは、ミス・クランストンのティールームが大流行だった。

1830 年ごろから、英国では飲酒の替わりに紅茶が奨励されるようになり、パブやインの替わりにコーヒーハウスやティーハウスができ始めた。
この節酒運動は全国に広がり、1881 年にはパブの「日曜日閉店」法案が可決されている。アメリカのような禁酒法にはいたらなかったが、英国ではこの節酒運動に押されて、瞬く間に全国にティールームやティーショップが広がった。しかしその頃のティールームは、簡素な店内で単にお茶を飲んで食事ができるだけだったようである。

別名ケイト（キャサリンの愛称）ともよばれたキャサリン・クランストン Catherine Cranston は、1849 年に生まれている。父親はグラスゴーでホテルやレストランを経営していた。

1878 年に、ミス・クランストンは第 1 号店をオープンする。清潔な店で、良質の食事とサービスを提供するだけではなく、最新の流行を取り入れた文化的で居心地のよい空間と設備を整え、人々が求める何か、今の言葉でいうところの付加価値を付け加え、グラスゴーでティールームチェーンを展開していく。

ミス・クランストンのティールームは、女性専用室、男性専用室男女一緒に食事のできるレストラン、男性専用の喫煙室やビリヤード室などに分かれていて、さまざまな人々の社交の場となった。

キャサリン・クランストン

　今の時代からは信じられないが、この女性専用室のおかげで、女性達だけで、外でお茶や食事を楽しむことができるようになったのである。かつて、特に良家の子女は、男性のエスコートなしでは気ままに外出したり、お茶を飲んだりはできなかった。道徳倫理にもとると思われたのである。

　第1号店はスコティッシュ・バロニアル様式だったが、1888年に開店した店の喫煙室は、当時のアーツ・アンド・クラフツ・スタイル Arts & Crafts Style（1800年代後半にウイリアム・モリス William Morris が主導した運動で、大量生産品ではない、職人の手仕事による質の高い工芸品を用いる生活と芸術の一致）を取り入れている。

　その頃のグラスゴーは繁栄する町であり、その潤沢な富が生み出す、新しい芸術の中心地でもあった。絵画には「グラスゴー・ボーイズ Glasgow Boys」とよばれるグループがいて、ミス・クランストンのティールームは、しばしばこれら若い画家たちのアートギャラリーとしても利用された。

　別の話にも書いたマッキントッシュは、1896年にミス・クランストンのティールームの壁面装飾を手がけている。このときに家具もデザインし、マッキントッシュ独特の、あの背もたれの高い椅子を初めて制作している。

　1900年になって、ミス・クランストンからの1部屋丸ごとのデザイン依頼に、結婚したばかりのマッキントッシュは、妻と一緒に「ホワイト・ダイニングルーム」を創りあげた。
　鉛とガラスのはめ込まれた木製パネルが仕切る、この全てが真っ白なダイニングルームは、マッキントッ

ウイロウ・ティールーム正面の詳細。

スコットランドこぼれ話

シュの名を一躍高め、グラスゴーへ行くなら是非このダイニングルームを見るべきだと言われたという。

この好評を受けて、ミス・クランストンは、マッキントッシュに3階建てティールームの建築を発注している。今日でも残る「ウイロウ・ティールーム Willow Tea Rooms」である。

その頃の新聞や雑誌は「見たこともない、でも椅子だろうとは想像できる椅子」などというユーモラスな記事や「ミス・クランストンでは僅か数ペンスでお茶を飲み、朝食を食べ、美しい内装に桃源郷にいるような心地になれる」と、このティールームについて語っている。

内装や家具、調度品のみならずメニューにいたるまで、マッキントッシュと妻のマーガレットが一緒にデザイン制作した。

ウイロウ・ティールームの正面。
1階は宝石店で、2階のティールームでは、マッキントッシュのデザインした背もたれの高い椅子が使われている。

その他にも、古くなった店の改装や改修、増築などをマッキントッシュに任せてはいるが、この「ウイロウ・ティールーム」はミス・クランストンの最後の新店であった。

1892年に結婚してミセス・コッホレーン Mrs.Cochrane になった後もビジネスでは「ミス・クランストン」を使い続けていたが、夫の死後は全てのビジネスを売却。その死を深く嘆いて、1934年に亡くなるまでミス・クランストンは、二度と社交の場には現われなかったという。

遺言により、彼女の財産の3分の2はグラスゴーの貧困層に残された。

スコットランドこぼれ話

山尾庸三

　数年前に『長州ファイブ』という映画が作られた。この映画の主人公たちは、井上聞多（馨）、遠藤勤助、山尾庸三、伊藤博文、野村弥吉の5人である。この五傑は、長州藩主の密命を帯びて、1863年、黒船が日本近海に現われてから僅か10年後に、国禁を犯して英国に渡っている。5人の中の1人に、井上馨や伊藤博文ほどは知られていない、日本の工学の父、山尾庸三がいる。

　バリバリの尊皇攘夷派だった山尾が、何を思って命がけの留学に出かけたかは映画を観ていただくとして、山尾庸三は1837年、現山口県に生まれている。26歳のときに、藩主より受けた内命により日本を離れ、苦労の末に、ロンドンに到着。ロンドン大学のコレッジで3年間学んだ後、1866年に造船技術を学ぶために、一人でグラスゴーへ向った。
　その頃のグラスゴーは、造船技術では世界最高水準を持ち、クライド川流域には、たくさんの造船所があった。今日では、それらの造船所とその仕事を総称して、クライド造船とよんでいる。
　山尾は、中でも特に有名なネイピア造船所で昼間は徒弟として働きながら、夜はアンダーソン・コレッジに通い、工学を学んだ。

　ネイピア造船所は、外洋船舶機関製造所であり、信頼性が高くその上に廉価な蒸気機関の製造によって、英国海軍の主造船所ともなっていた。
　山尾はここで2年間修業をしている。当時のグラスゴーは、ヴィクトリア時代の英国ではロンドンに次いで繁栄する工業都市であり、また技術者養成の中心地でもあった。

クライド川沿いに今も残る大型クレーン。このクレーンで蒸気機関車を吊り上げて船に積み、世界中へ輸出した。

その科学技術者の教育機関がアンダーソン・コレッジである。伝統的に、スコットランドの教育は実用的な学問を基礎とし、その上に高等教育としての技術教育を行っていた。

 1868年、明治維新後に、山尾は帰国する。
 先に帰国していた井上馨や伊藤博文が、政治や外交へ進んだのに対し、山尾や遠藤、野村（後に井上勝）は近代化に必要な造船、鉄道、鉱山、橋、造幣などの技術を学んで帰国した。山尾はそのときに、ネイピア造船所で使っていた道具類を持ち帰っている。
 因みに、遠藤は「造幣の父」であり、井上は「鉄道の父」であるという。

 翌1869年に山尾は明治新政府に出仕することになり、横浜製鉄所の責任者となった。ここで、山尾は自分が学んだアンダーソン・コレッジでの経験をもとに学校計画を立てている。アンダーソン・コレッジは、前述したように、知性と技術の調和を理想とする実学主義教育を理念に掲げている学校である。

 1871年春に、山尾は高等教育機関として「工部学校」の設立を建白し、同じ年の秋には視聴覚障害児のための学校創立を建議している。山尾にとっては、工学の発展と視聴覚障害児教育の発展は、ともに重要課題であった。
 山尾はグラスゴーの造船所で修業中に、職工のなかに聴覚障害者がおり、何の支障もなく働いているのを見て、驚いたという。

アンダーソン・コレッジは、現在のストラスクライド大学の前身である。

造船所内はリベットを叩き続けるために、常に大きな音が響き渡り、言葉が聞こえない。またその騒音の中で、何年も働いていると耳が遠くなる人も多かった。そのために、造船所内では手話が使われていて、それにも山尾は感動している。

スコットランドこぼれ話

　映画の中では、障害を持つスコットランド女性とのロマンスが、山尾を障害者教育に目覚めさせたということになっているが、そういう女性がいたのかどうかは不明である。

　政府内の地味だが重要な役に次々と就任した山尾は、工部省時代に、人材養成のための「工学寮（工部大学校）」を創設している。この工学寮は、東京大学工学部の前身である。

　1880年には、「楽善会訓盲院」の設立に尽力し、1915年の日本聾唖協会の結成時にはその総裁になっている。

　1917年に81歳で没するまで、山尾は生涯をかけて、人を育てることに力を尽くした。

クライド造船の中心地であった辺りは、グラスゴーの文化地域として再開発が進められている。写真はユニークな形の科学センターと付属のシアター。間に見えるガラス張りのビルはＢＢＣテレビ局。手前のプリンスズ・ドックは、現在は水上飛行機の発着所の一部として利用されている。

スコットランドこぼれ話

おしまいの話

　歴史は面白い。
　日本では江戸時代の末期、浦賀にペリーの率いる黒船が現われたと大騒ぎをしていた1853年、グラスゴーでは重工業化が進み、蒸気機関車の製造や造船が盛んであった。
　キャサリン・クランストンもトーマス・リプトンもすでに生まれていた。山尾庸三は16歳、当時としてはもう立派な大人だったであろう。その後に続く、江戸末期の混乱と維新へ向けての改革はよくご存知のことと思う。

　そして1868年は明治元年である。
　山尾は維新の報せを聞いて、ロンドンとグラスゴーでの勉学を終え、帰国の途についた。
　同年6月にはグラスゴーで、マッキントッシュが誕生している。その前年1867年には、東京で夏目漱石が生まれている。リプトンはまだアメリカにいて、自分の店を持つための夢をふくらませながら働いていたことだろう。

　何が言いたいのか？　つまり、日本中が、勤皇か佐幕かと騒然としているとき、新撰組が殺傷を繰り返しているとき、勝海舟が江戸城無血開城を企んでいるとき、地球の反対側では着々と産業革命が進み、鉄道が敷設され、造船が盛んになり、節酒運動によるティールームが開店し始めている、その彼我の違いを言いたいのである。

　進んでいるとか遅れているという比較ではなく、単に全く違う文化や社会現象が同時進行している事実が何ともいえないくらいに面白い。
　この地から「お雇い外国人」としてたくさんの技術者が、明治政府に招かれて、近代日本をつくりあげる一助となっている。
　明治維新がなかったら、もちろん、今の日本とは全く違う日本があったであろう。

おしまいの話

　この話で突然名前が出てきた夏目漱石は、ロンドン留学時代に在英日本領事館経由でグラスゴー大学に依頼され、日本人留学生のための入学試験問題を作っている。当時すでに、多くの日本の若者がグラスゴー大学へ学びに来ていたのである。
　繁栄に沸くグラスゴーは、当時の日本の若者の目に、どのように映ったであろうか？　タイムマシンがあったら、ぜひ訊いてみたいことのひとつである。

　グラスゴー市の繁栄の象徴とも言うべき市庁舎が、ヴィクトリア女王のご臨席の下に落成したのが 1888 年。典型的なヴィクトリアン様式の建物の外壁には手の込んだ彫刻が彫り込まれ、内部はイタリア・ルネッサンス風。入り口のホールには、ベネチア・モザイクの床や天井にスコットランド産やイングランド産、イタリア産の御影石の柱が立ち、入館者を圧倒する。奥の左手は宴会場に、右手は市議会場に続くホールがある。ここでは床や階段や手すりにイタリア産の大理石がふんだんに使われていて、いかにグラスゴーが裕福であったかを如実に物語っている。

　ヴィクトリア期とそれ以降は、あんなにも重工業で栄えたグラスゴーだったが、栄枯盛衰の理に逆らうことなく、世界大戦後は重工業が衰退し大きな鉄工所や造船所が相次いで閉鎖、失業者が町にあふれた。
　日本がバブルの好景気に沸いている 1984 年にグラスゴーに来た私には、この町が薄汚れた廃墟の町にしか見えず、先進国へきたはずだったのにと、軽く失望したのを覚えている。

　しかし 1988 年に「ガーデン・フェスティバル」が開かれた前後から、町は再開発の方向を明確に打ち出したように思える。その頃のグラスゴー市の文化部長は「文化は経済である」と言い、これからは文化事業に力を入れることで町の再開発を目指すとしていた。

　1990 年には「ヨーロッパの文化首都」に指定され、1999 年には「英国の建築とデザイン都市」に選ばれている。その間に再開発はすばらしく進んだ。

スコットランドこぼれ話

　町の建物は軒並み磨かれ、現代風のビルが建ち並び、そして古い建物は外側の石のみを残して内部は近代的に作りかえられた。古い建物とは異質でありながらうまく調和している今日風の建築物を見ていると生きている町、これからも生き続ける町だと確信できる。

　2014年には「コモン・ウェルスゲーム Commonwealth Games」という旧英連邦のオリンピックのようなスポーツ大会の開催地に選ばれている。そのための施設作りで、町はいたるところが工事中であるが、それも生きている町ならではの光景であろう。

　北ヨーロッパのショッピングの中心地としてアイスランドやスカンジナビアから買い物客が訪れる町、スコットランドで最もフレンドリーな町、そしてこんな面白い歴史を持つグラスゴーへも、ぜひ足を伸ばしてくださることを願っている。

グラスゴー市の中心にあるジョージ広場。正面は1888年完成のグラスゴー市庁舎。竹鶴氏も見たかもしれない光景。

写真提供：スコットランド政府観光局　*VisitScotland/Scottish Viewpoint*

ACKNOWLEDGEMENTS

We would like to thank the following people for their help in producing this book, in particular those who supplied photographs and spent time proof-reading our manuscripts. All of the support given was invaluable, and we would not have been able to publish this book without them.

- Mr Andrew Moffat , VisitScotland
- Mmes. Norma Clarkson and Dot Wylie, Scottish Tourist Guides Association
- Mr David Williamson, The Scotch Whisky Association
- Messrs Jason R Craig, Cutty Sark and Derek Brown, The Famous Grouse, The Edrington Group
- Mr Fraser Docherty, Super Jam and Ms Clair Smith, Mackays Ltd.
- Mr Peter Trowles, The Glasgow School of Art
- Blair Castle
- The Balmoral Hotel in Edinburgh
- The Royal British Hotel in Edinburgh
- Dean's, Huntly
- Mr Anthony Laing, Shortbread House of Edinburgh
- Kinloch Anderson, Edinburgh
- Mr Ian Gardner, The National Trust for Scotland
- Ms Lorna Hepburn, Hill House, The National Trust for Scotland
- Mrs Morag Fairhead
- Mr Alastair Walker
- Dr Yoshiro Shibazaki
- Mr K Bryce Morrison
- Messrs Andrew Nolan, Ian Brockbank and Grant Bulloch
- Alexander Taylor, Strathaven
- J. Alexander & Son, Strathaven
- Mr Michael Inglis, Scottish Agricultural College
- Ms Kate Bell, The Dome in Edinburgh
- Mses Anne Rodgers and Gillian Kynoch, Albert Bartlett
- Ms Michiko Mimura, The Japan-Scotland Society
- Mr Takahide Saito and Mrs Yanagi Saito
- Mrs Yukiko Muramatsu
- Ms Chizuko Hoshino

参考文献一覧

ボーダーズ地方の夏祭り
Omand, Donald (1995), *The Borders Book*, Edinburgh
民間伝承の物語詩－バラッド
Omand, Donald (1995),*The Borders Book*, Edinburgh
世界の果て－セントキルダ
Maclean, Charles (2006), *Island on the Edge of the World*, Edinburgh

スコットランドの有名な発明・発見家の散文
Macgregor, Forbes (1984), *Famous Scots The Pride of a Small Nation,* Edinburgh, Gordon Wright Publishing

スティーヴンソンが吉田松陰の伝記を?!
Stevenson, Robert Louis (1910), *Familiar Studies of Men and Books*, London,　Chatto & Windus
よしだみどり（2000）、『烈々たる日本人』、祥伝社ノン・ブック
スコットランドの踊りは、社交ダンス！
The Royal Scottish Country Dance Society (2005), *The Manual of Scottish Country Dancing*
MacLennan, D. G. (1950), *Highland and Traditional Scottish Dances* , Edinburgh, W. T. McDougall & Co.
バグパイプ *Bagpipe*
Grattan Flood, Wm. H. (1911), *'The Story of the Bagpipe' The Music Story Series* , The Walter Scott Publishing Co., Ltd
紅茶よもやま話
Simpson, Helen (1986), *London Ritz Book of Afternoon Tea - Art and Pleasures of Taking Tea*, Ebury Press

竹鶴政孝とリタ
竹鶴政孝、『ウイスキーと私』、ニッカウヰスキー株式会社
トーマス・リプトン
www.mitchelllibrary.org/lipton/
山尾庸三
北政巳、『国際日本を拓いた人々』、　同文館出版
三好信浩、『ダイアーの日本』、福村出版